BUCH
UND
BUCHHANDEL
IN
ZAHLEN   AUSGABE 1996

HERAUSGEGEBEN VOM
BÖRSENVEREIN DES DEUTSCHEN BUCHHANDELS E.V.
FRANKFURT AM MAIN

IMPRESSUM

ISBN 3-7657-1958-7
ISSN 0068-3051

Herausgeber:
Börsenverein des Deutschen Buchhandels e.V.
Abteilung Marktforschung
Frankfurt am Main

Konzeption und Redaktion:
Eva Martin (verantw.)
Uwe Matzner

Satz, Grafik und Layout:
Rachfahl Druck, Bad Vilbel

Druck:
Druckerei Henrich, Frankfurt am Main

© Juli 1996
Buchhändler-Vereinigung GmbH, Frankfurt am Main

INHALTSÜBERSICHT

		Seite
1.	Die wirtschaftliche Lage	9
2.	Freizeit- und Medienverhalten	11
3.	Buchhändlerische Betriebe	20
4.	Die Umsatzentwicklung	26
5.	Betriebswirtschaftliche Kennzahlen	27
5.1.	Verlagsbuchhandel	27
5.2.	Sortimentsbuchhandel	31
5.3.	Bahnhofsbuchhandel	50
6.	Buchproduktion	52
6.1.	Inländische Buchproduktion	52
6.2.	Internationale Buchproduktion	63
7.	Übersetzungen und Lizenzen	66
7.1.	Übersetzungen	66
7.2.	Lizenzen	71
8.	Preise	77
9.	Zeitschriften	82
10.	Außenhandel	89
11.	Beschäftigung und Berufsbildung	97
11.1.	Beschäftigung	97
11.2.	Aus- und Fortbildung	100
12.	Einrichtungen des Buchhandels	102
12.1.	Börsenverein des Deutschen Buchhandels e.V.	102
12.2.	Buchhändler-Vereinigung GmbH	102
12.3.	Ausstellungs- und Messe-GmbH (AuM)	103
12.4.	BAG Buchhändler-Abrechnungs-Gesellschaft mbH	104
12.5.	BKG Buchhändlerische Kredit-Garantiegemeinschaft GmbH & Co. KG	105
12.6.	RZB Rechenzentrum Buchhandel GmbH	105
12.7.	Die Deutsche Bibliothek	106
Adressen		107
Quellenverzeichnis		109
Register		111

Anhang: Kaufkraftkarte - Bücher 1995

INHALTSVERZEICHNIS

Seite

1. DIE WIRTSCHAFTLICHE LAGE 9

2. FREIZEIT- UND MEDIENVERHALTEN 11

    Tab. 1: Monatliche Ausgaben privater Haushalte für Medien 1995 11
    Grafik 1: Monatliche Ausgaben für Freizeitgüter 1995
              des Haushaltstyps 2 in den alten Bundesländern 12
    Grafik 2: Monatliche Ausgaben für Bücher, Zeitungen, Zeitschriften 1995
              des Haushaltstyps 2 in den alten Bundesländern 12
    Grafik 3: Monatliche Ausgaben für Freizeitgüter 1995
              des Haushaltstyps 2 in den neuen Bundesländern 13
    Grafik 4: Monatliche Ausgaben für Bücher, Zeitungen, Zeitschriften 1995
              des Haushaltstyps 2 in den neuen Bundesländern 13
    Tab. 2: Monatliche Ausgaben privater Haushalte für Bücher,
              Zeitungen und Zeitschriften 1995 14
    Grafik 5: Interesse an Büchern 15
    Grafik 6: Buchkauf in den letzten 12 Monaten 16
    Grafik 7: Höchstausgaben für Bücher 17
    Grafik 8: Bücher lesen 18
    Grafik 9: Beliebtheit von Freizeitbeschäftigungen 1995 19

3. BUCHHÄNDLERISCHE BETRIEBE 20

    Tab. 3: Firmen des herstellenden und verbreitenden Buchhandels
              nach Orten 1996 21
    Tab. 4: Firmen des herstellenden und verbreitenden Buchhandels
              nach Ortsgrößenklassen und Bundesländern 1996 .... 22/23
    Tab. 5: Steuerpflichtige Buchverlage (inkl. Adreßbücher)
              nach Umsatzgrößenklassen und Bundesländern 1992 24
    Tab. 6: Steuerpflichtige im Einzelhandel mit Büchern und Fachzeitschriften
              nach Umsatzgrößenklassen und Bundesländern 1992 25

4. DIE UMSATZENTWICKLUNG 26

    Tab. 7: Geschätzte Umsätze buchhändlerischer Betriebe
              zu Endverbraucherpreisen 1991-1995 26

5. BETRIEBSWIRTSCHAFTLICHE KENNZAHLEN 27

5.1. Verlagsbuchhandel 27
    Tab. 8: Umsatzentwicklung nach Geschäftsarten 1991-1995 27
    Tab. 9: Entwicklung der Verlagserlöse insgesamt,
              Personal- und Werbekosten 1991-1995 27
    Tab. 10: Umsätze im Verlagsbuchhandel 1995 28

			Seite
Grafik	10:	Umsatzanteile der Monate in % des Jahresumsatzes im Verlagsbuchhandel 1995	28
Grafik	11:	Umsatzkonzentration im Verlagsbuchhandel 1982 und 1992	29
Tab.	11:	Steuerbarer Umsatz der Buchverlage (inkl. Adreßbücher) nach Umsatzgrößenklassen und Bundesländern 1992	30

5.2. Sortimentsbuchhandel 31

Grafik	12:	Umsatzkonzentration im Einzelhandel mit Büchern und Fachzeitschriften und im Einzelhandel insgesamt 1992	31
Tab.	12:	Steuerbarer Umsatz im Einzelhandel mit Büchern und Fachzeitschriften nach Umsatzgrößenklassen und Bundesländern 1992	32
Grafik	13:	Umsatz im Einzelhandel mit Büchern und Fachzeitschriften nach Bundesländern 1992	33
Tab.	13:	Nominale Umsatzveränderung des Facheinzelhandels in % des jeweiligen Vorjahres 1986-1995	34
Grafik	14:	Umsatzentwicklung im Sortimentsbuchhandel und im Facheinzelhandel insgesamt 1986-1995	34
Grafik	15:	Umsatzanteile der Monate in % des Jahresumsatzes in Sortimentsbuchhandel und Facheinzelhandel insgesamt 1995	35
Grafik	16:	Betriebswirtschaftliches Ergebnis in % vom Umsatz nach Beschäftigtengrößenklassen 1994	36
Grafik	17:	Umsatz je Beschäftigtem nach Beschäftigtengrößenklassen 1993/94	36
Grafik	18:	Anteile der Warengruppen am Umsatz 1994	37
Tab.	14:	Betriebsvergleichsergebnisse des Sortimentsbuchhandels nach Beschäftigtengrößenklassen 1994	38/39
Tab.	15:	Betriebsvergleichsergebnisse des Sortimentsbuchhandels nach Umsatzgrößenklassen 1994	40/41
Tab.	16:	Betriebsvergleichsergebnisse des Sortimentsbuchhandels nach Personalleistungsklassen 1994	42/43
Tab.	17:	Betriebsvergleichsergebnisse des Sortimentsbuchhandels nach Raumgrößenklassen 1994	44/45
Tab.	18:	Betriebsvergleichsergebnisse des Sortimentsbuchhandels nach Ortsgrößenklassen 1994	46/47
Tab.	19:	Betriebsvergleichsergebnisse des Sortimentsbuchhandels nach Geschäftslagen 1994	48/49

5.3. Bahnhofsbuchhandel 50

Tab.	20:	Betriebe, Beschäftigte, Geschäftsraum und Umsätze im Bahnhofsbuchhandel 1986-1995	50
Tab.	21:	Betriebsvergleichsergebnisse des Bahnhofsbuchhandels in den Jahren 1987-1994	51

Seite

6.	BUCHPRODUKTION		52
6.1.	Inländische Buchproduktion		52
	Tab. 22:	Titelproduktion 1986-1995	52
	Grafik 19:	Titelproduktion nach Sachgruppen 1995	53
	Tab. 23:	Titelproduktion nach Sachgruppen 1995	54/55
	Tab. 24:	Taschenbuchproduktion nach Sachgruppen 1995	56/57
	Tab. 25:	Anteil der Taschenbücher an der Titelproduktion nach Sachgruppen 1995	58/59
	Tab. 26:	Entwicklung der Titelproduktion nach Sachgruppen 1989-1995	60
	Tab. 27:	Titelproduktion nach Bundesländern und Sachgruppen 1995	61
	Tab. 28:	Titelproduktion nach Orten 1995	62
6.2.	Internationale Buchproduktion		63
	Tab. 29:	Internationale Titelproduktion 1991-1993	64
	Tab. 30:	Internationale Titelproduktion nach Sachgruppen 1993	65
7.	ÜBERSETZUNGEN UND LIZENZEN		66
7.1.	Übersetzungen		66
	Tab. 31:	Übersetzungen ins Deutsche 1986-1995	66
	Grafik 20:	Herkunftssprachen der Übersetzungen ins Deutsche 1995	66
	Tab. 32:	Herkunftssprachen der Übersetzungen ins Deutsche 1995	67
	Tab. 33:	Übersetzungen ins Deutsche nach Sachgruppen 1995	68/69
	Tab. 34:	Die 10 wichtigsten Sprachen für Übersetzungen ins Deutsche 1986-1995	70
7.2.	Lizenzen		71
	Grafik 21:	Lizenzvergabe ins Ausland nach Sprachen 1995	71
	Tab. 35:	Lizenzvergabe ins Ausland nach Sprachen 1991-1995	72
	Tab. 36:	Die 10 wichtigsten Sprachen für die Lizenzvergabe ins Ausland 1986-1995	73
	Tab. 37:	Lizenzvergabe ins Ausland nach Sprachen und Sachgruppen 1995	74/75
	Tab. 38:	Lizenzvergabe ins Ausland nach Ländern 1991-1995	76
8.	PREISE		77
	Tab. 39:	Preisentwicklung lieferbarer Bücher 1991-1995	77
	Tab. 40:	Durchschnittspreise der Neuerscheinungen nach Sachgruppen 1995	78/79
	Tab. 41:	Preisgruppenanteile in den Sachgruppen 1995	80/81
9.	ZEITSCHRIFTEN		82
	Tab. 42:	Unternehmen, die Zeitungen und Zeitschriften verlegen 1990-1994	82
	Tab. 43:	Unternehmen, Beschäftigte, Umsatz, verlegte Zeitungen und Zeitschriften nach Verlagsarten 1994	82

Seite

Tab.	44:	Anteil der Umsatzarten am Gesamtumsatz nach Verlagsarten 1994 83
Tab.	45:	Ausgewählte Kosten nach Verlagsarten 1994 83
Tab.	46:	Auflage je Erscheinungstag nach Vertriebswegen und Art der Zeitschrift 1994 83
Tab.	47:	Zeitschriftenauflage 1990-1994 84
Tab.	48:	Zeitschriften, Auflage und Umfang nach Art der Zeitschrift 1994 84
Tab.	49:	Zeitschriften, Auflage und Umsatz nach Auflagengrößenklassen 1994 85
Tab.	50:	Zeitschriften, Auflage und Umsatz nach Erscheinungsweise 1994 85
Tab.	51:	Zeitschriften, Auflage und Umsatz nach Art der Zeitschrift 1994 86
Tab.	52:	Steuerpflichtige Fachzeitschriftenverlage nach Umsatzgrößenklassen und Bundesländern 1992 87
Tab.	53:	Steuerbarer Umsatz der Fachzeitschriftenverlage nach Umsatzgrößenklassen und Bundesländern 1992 88

10. AUSSENHANDEL 89

Tab.	54:	Außenhandel der Bundesrepublik Deutschland mit Gegenständen des Buchhandels nach Erdteilen 1994 89
Tab.	55:	Außenhandel der Bundesrepublik Deutschland mit Gegenständen des Buchhandels nach Erdteilen 1995 90
Tab.	56:	Außenhandel der Bundesrepublik Deutschland mit Gegenständen des Buchhandels 1985-1994 91
Tab.	57:	Einfuhr von Büchern, Zeitungen und Zeitschriften in die Bundesrepublik Deutschland nach Herkunftsländern 1994 92
Tab.	58:	Ausfuhr von Büchern, Zeitungen und Zeitschriften aus der Bundesrepublik Deutschland nach Abnahmeländern 1994 93
Tab.	59:	Die 10 wichtigsten Herkunftsländer für die Einfuhr von Büchern in die Bundesrepublik Deutschland 1986-1995 94
Tab.	60:	Die 10 wichtigsten Abnahmeländer für die Ausfuhr von Büchern aus der Bundesrepublik Deutschland 1986-1995 95
Tab.	61:	Außenhandel mit Büchern, Zeitungen und Zeitschriften nach Ländern 1995 96

11. BESCHÄFTIGUNG UND BERUFSBILDUNG 97
11.1. Beschäftigung 97

Tab.	62:	Sozialversicherungspflichtig Beschäftigte in Verlagen 1986-1995 97
Tab.	63:	Beschäftigte im Verlagsbuchhandel 1995 98
Tab.	64:	Geleistete Arbeiterstunden und Bruttolöhne und -gehälter im Verlagsbuchhandel 1995 99
Tab.	65:	Beschäftigte im Einzelhandel mit Büchern und Fachzeitschriften 1986-1992 99

Seite

11.2.	Aus- und Fortbildung	100
	Tab. 66: Ausbildungsverhältnisse nach Bundesländern zum 31.12.1995	100
	Tab. 67: Ausbildung für das Berufsbild „Buchhändler/in" 1986-1995	100
	Tab. 68: Ausbildung für das Berufsbild „Verlagskaufmann/frau" 1986-1995	100
	Tab. 69: Kurse und Teilnehmer der Deutschen Buchhändlerschule	101
	Tab. 70: Studierende der Fachschule des Deutschen Buchhandels	101
12.	EINRICHTUNGEN DES BUCHHANDELS	102
12.1.	Börsenverein des Deutschen Buchhandels e.V.	102
12.2.	Buchhändler-Vereinigung GmbH	102
12.3.	Ausstellungs- und Messe-GmbH (AuM)	103
	Grafik 22: Einzelaussteller auf der Frankfurter Buchmesse 1995	103
	Tab. 71: Zahl der ausstellenden Verlage auf der Frankfurter Buchmesse 1986-1995	104
12.4.	BAG Buchhändler-Abrechnungs-Gesellschaft mbH	104
	Tab. 72: Teilnehmer am BAG-Abrechnungsverfahren 1986-1995	104
	Tab. 73: Abrechnungsvolumen der BAG 1986-1995	105
12.5.	BKG Buchhändlerische Kredit-Garantiegemeinschaft GmbH & Co. KG	105
12.6.	RZB Rechenzentrum Buchhandel GmbH	105
12.7.	Die Deutsche Bibliothek	106
	Tab. 74: Gesamtbestand Deutsche Bücherei und Deutsche Bibliothek 1986-1995	106
	Tab. 75: Bestand und Zugang von Deutscher Bücherei und Deutscher Bibliothek nach Sammelgebieten 1995	106

ADRESSEN 107/108

QUELLENVERZEICHNIS 109/110

REGISTER 111-116

ANHANG: KAUFKRAFTKARTE – BÜCHER 1995

ZEICHENERKLÄRUNG

0 = Weniger als die Hälfte von 1 in der letzten besetzten Spalte, jedoch mehr als nichts.
– = Nichts vorhanden.
. = Zahlenwert unbekannt, geheimzuhalten oder wegen zu geringer Besetzung nicht ausgewiesen.

AUF- UND ABRUNDUNGEN

Durch Auf- bzw. Abrundungen können sich bei der Summierung von Einzelangaben geringfügige Abweichungen von der Endsumme ergeben.

1. DIE WIRTSCHAFTLICHE LAGE

Der deutsche Markt für Bücher hatte 1995 ein geschätztes Volumen von 16,5 Milliarden DM zu Endverbraucherpreisen. Darin enthalten sind Vertriebserlöse von Fach- und wissenschaftlichen Zeitschriften in Höhe von 1,6 Milliarden DM. Im Vergleich zum Vorjahr ergab sich damit ein nominales Wachstum um 3,5 %. Auf Bücher entfielen bei identischer Zuwachsrate Umsätze in Höhe von 14,9 Milliarden DM. Vor dem Hintergrund der insgesamt schwierigen Wirtschaftslage stellt der nominale Zuwachs von 3,5 % für den Buchmarkt einen vergleichsweise positiven Wert dar.

Die Buchverlage realisierten 1995 einen durchschnittlichen Umsatzzuwachs in Höhe von 4,2 % im Vergleich zum Vorjahr. Damit liegt der Umsatzzuwachs der Verlage über dem für den deutschen Buchmarkt ermittelten Wachstum, da die Verlagsumsätze zusätzlich Exportumsätze, Lizenzerträge und Anzeigenerlöse enthalten. Dieses Wachstum wurde auf der Basis einer wiederum erhöhten Titelproduktion erzielt. 74.174 Neuerscheinungen bedeuteten die höchste bisher verzeichnete Titelproduktion. Gegenüber dem Vorjahr entspricht dies einer Steigerung um 5,0 %. Gleichzeitig entwickelten sich die durchschnittlichen Auflagen je Titel rückläufig.

Im Anzeigengeschäft verzeichnete der Verlagsbuchhandel nach zwei schwachen Jahren 1995 den stärksten Umsatzzuwachs (+8,9 %). Auf der Basis zweistelliger Zuwachsraten in den Jahren 1993 und 1994 stiegen die Nebenrechtserträge um 4,2 %. Im Lizenzgeschäft meldeten die Verlage für osteuropäische Abnehmer erhebliche Zuwächse.

Die verschiedenen Vertriebswege entwickelten sich 1995 deutlich unterschiedlich. Im Verlagsdirektvertrieb konnte mit einem Umsatzplus in Höhe von 8,8 %, unter anderem bedingt durch einzelbetriebliche Sonderentwicklungen, ein überdurchschnittliches Wachstum erzielt werden. Für die übrigen Vertriebswege waren Zuwachsraten bis maximal 3,5 % zu verzeichnen. Während die Buchgemeinschaften stagnierende Umsätze meldeten, wuchsen die Warenhäuser um 2,5 %.

Der Sortimentsbuchhandel, mit einem Marktanteil von 60 % am deutschen Buchmarkt nach wie vor der dominierende Vertriebsweg, erzielte ein durchschnittliches Umsatzwachstum in Höhe von 2,7 %. Damit waren auch die Buchhandlungen von der allgemeinen Konjunkturschwäche im Einzelhandel betroffen. Allerdings verhinderten die Kleinpreisigkeit der Verlagsprodukte und die spezielle Käuferstruktur im Buchhandel Umsatzeinbußen, wie sie in der Mehrzahl der übrigen Facheinzelhandelsbranchen zu verzeichnen waren. Im Kontext der Umsatzsituation des gesamten Facheinzelhandels - 1995 ergab sich hier ein Umsatzrückgang von minus ein Prozent zum Vorjahr - kann die Umsatzentwicklung im Sortimentsbuchhandel als insgesamt zufriedenstellend bezeichnet werden.

Erneut entwickelten sich 1995 Bar- und Rechnungsgeschäft des Sortimentsbuchhandels ganz unterschiedlich. Während das insgesamt gewichtigere Bargeschäft Träger der vergleichsweise positiven Umsatzentwicklung im Sortimentsbuchhandel war, zeigte der Absatzverlauf im Rechnungsgeschäft weiter nach unten. Die halbjährlich vom Börsenverein im Sortimentsbuchhandel durchgeführte Konjunkturumfrage verdeutlicht diese gegensätzliche Entwicklung. Demzufolge hat sich die Absatzsituation bei öffentlichen Institutionen, Bibliotheken und Schulen erheblich verschlechtert. Auch im Geschäft mit privaten Unternehmen ist eine eher negative Tendenz festzustellen.

Die Auswirkungen des schlechten Rechnungsgeschäfts zeigen sich auch bei der Betrachtung der Absatzentwicklung verschiedener Warengruppen. So meldeten die befragten Buchhändler für die Segmente „Schulbuch" und „Fachbuch/Wissenschaft" überwiegend verschlechterte Absatzbedingungen. Bei den populären Bereichen „Sachbuch/Hobby/Reise/Freizeit", „Belletristik" sowie „Kinder- und Jugendbuch" dominierten hingegen die positiven Meldungen.

In den Prognosen der Buchhändler kam zuletzt eine zunehmend größere Skepsis in bezug auf die Geschäftsentwicklung für das erste Halbjahr 1996 zum Ausdruck. Mit dem in den ersten fünf Monaten 1996 tatsächlich erzielten kumulierten Umsatzwachstum in Höhe von vier Prozent kann der Sortimentsbuchhandel allerdings durchaus zufrieden sein, liegt er damit doch deutlich besser als der gesamte Facheinzelhandel, der im Zeitraum Januar bis April nur ein Umsatzplus von ein Prozent erreichte.

Dr. Gottfried Honnefelder
Vorsitzender des Verleger-Ausschusses

Dr. Markus Conrad
Vorsitzender des Ausschusses für den Zwischenbuchhandel

Marianne Fricke
Vorsitzende des Sortimenter-Ausschusses

2. FREIZEIT- UND MEDIENVERHALTEN

Monatliche Ausgaben für Freizeitgüter

Das durchschnittliche Haushaltsnettoeinkommen* betrug 1995 im alten Bundesgebiet monatlich 5.011,01 DM. 15,8 % dieses Betrags wurden für Freizeitgüter ausgegeben, davon der größte Teil für Urlaub, Auto, Sport- und Campingartikel. Die Ausgaben für Printmedien stiegen von monatlich 61,37 DM in 1994 auf 64,31 DM im Folgejahr. Ihr Anteil an den Ausgaben für Freizeitgüter erhöhte sich von 7,9 % auf 8,0 %. Auf Bücher und Broschüren entfielen 1995 28,62 DM bzw. 44,5 % der Ausgaben für Printmedien.

Die Situation im neuen Bundesgebiet war 1995 erneut durch ein gestiegenes Einkommensniveau gekennzeichnet. Das durchschnittliche Haushaltsnettoeinkommen der Haushalte des Typs 2 erhöhte sich von 3.983,36 DM in 1994 auf 4.066,55 DM in 1995 innerhalb eines Jahres um 2,1 %. Im Zeitraum 1991 bis 1995 stieg das durchschnittliche Haushaltsnettoeinkommen hier um insgesamt 35,2 %. Insgesamt machen die vorliegenden Zahlen eine zunehmende Angleichung des Ausgabenverhaltens der Ost- und Westdeutschen deutlich. Mit anteilig 15,6 % des Einkommens lag die Quote der Freizeitausgaben nur noch knapp unter der des alten Bundesgebiets (15,8 %). Im Vergleich zum Vorjahr (14,9 %) nahm dieser Anteil immerhin um 0,7 Prozentpunkte zu. Der Ausgabenanteil für Bücher und Broschüren an den Printmedien lag 1995 bei 46,5 % und damit

* Angestellte und Arbeiter mit mittlerem Einkommen, Haushaltstyp 2 des Statistischen Bundesamtes.

Tab. 1: Monatliche Ausgaben privater Haushalte für Medien 1995 (in DM)

Medien	Alte Bundesländer			Neue Bundesländer		
	Haushaltstyp 1	Haushaltstyp 2	Haushaltstyp 3	Haushaltstyp 1	Haushaltstyp 2	Haushaltstyp 3
Bücher und Broschüren	6,82	28,62	54,68	12,82	22,53	28,05
Tages- und Wochenzeitungen insgesamt (ohne Fachzeitungen)	21,82	20,62	27,46	17,56	14,88	16,24
Zeitschriften	11,82	15,07	23,90	9,29	11,07	12,41
Miete für Bücher, Zeitschriften, Videobänder u.ä.	0,05	0,83	1,07	0,05	0,59	0,68
Schallplatten, Tonbänder, Videofilme u.ä.	2,74	17,76	27,90	4,48	17,43	21,77
Kino	0,31	2,82	4,99	0,13	2,12	3,57
Konzert	0,59	2,46	6,47	1,10	1,81	3,51
Theater	0,66	3,44	8,84	1,79	1,74	3,46
Rundfunk- und Fernsehgebühren	21,31	30,16	31,86	27,11	28,89	29,08
Fernsehempfangsgeräte	10,06	8,25	10,52	8,86	8,31	10,90
Rundfunkempfangsgeräte	0,96	8,29	13,77	4,92	11,39	14,05
Zubehör für Fernseh- und Rundfunkempfangsgeräte	1,86	4,37	8,34	2,52	5,16	6,79
Installation, Reparatur	2,50	2,65	3,04	2,08	2,82	2,64
Plattenspieler, Tonbandgeräte u.ä.	–	2,26	3,82	0,62	2,00	1,92
Videorecorder	1,07	4,86	4,85	2,60	4,04	5,16
Ausgaben insgesamt	**82,57**	**152,46**	**231,51**	**95,93**	**134,78**	**160,23**

Anmerkungen zu den Haushaltstypen:
Haushaltstyp 1: 2-Personen-Haushalte von Renten- und Sozialhilfeempfängern mit geringem Einkommen.
Haushaltstyp 2: 4-Personen-Haushalte von Angestellten und Arbeitern mit mittlerem Einkommen.
Haushaltstyp 3: 4-Personen-Haushalte von Beamten und Angestellten mit höherem Einkommen.

Quelle: Laufende Wirtschaftsrechnungen, 1996

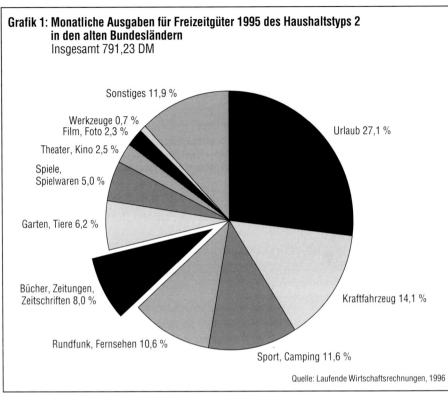

Grafik 1: Monatliche Ausgaben für Freizeitgüter 1995 des Haushaltstyps 2 in den alten Bundesländern
Insgesamt 791,23 DM

Sonstiges 11,9 %
Werkzeuge 0,7 %
Film, Foto 2,3 %
Theater, Kino 2,5 %
Spiele, Spielwaren 5,0 %
Garten, Tiere 6,2 %
Bücher, Zeitungen, Zeitschriften 8,0 %
Rundfunk, Fernsehen 10,6 %
Sport, Camping 11,6 %
Kraftfahrzeug 14,1 %
Urlaub 27,1 %

Quelle: Laufende Wirtschaftsrechnungen, 1996

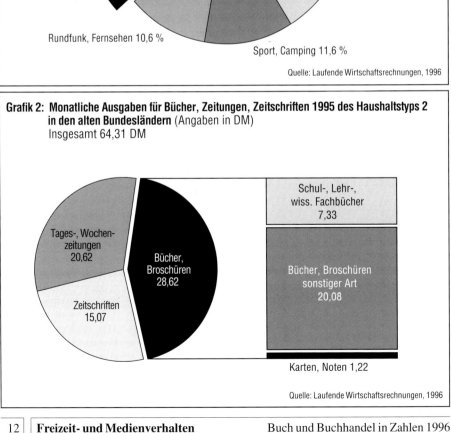

Grafik 2: Monatliche Ausgaben für Bücher, Zeitungen, Zeitschriften 1995 des Haushaltstyps 2 in den alten Bundesländern (Angaben in DM)
Insgesamt 64,31 DM

Tages-, Wochenzeitungen 20,62
Zeitschriften 15,07
Bücher, Broschüren 28,62
Schul-, Lehr-, wiss. Fachbücher 7,33
Bücher, Broschüren sonstiger Art 20,08
Karten, Noten 1,22

Quelle: Laufende Wirtschaftsrechnungen, 1996

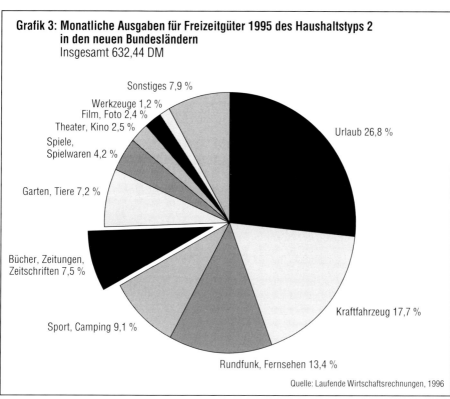

Grafik 3: Monatliche Ausgaben für Freizeitgüter 1995 des Haushaltstyps 2 in den neuen Bundesländern
Insgesamt 632,44 DM

Sonstiges 7,9 %
Werkzeuge 1,2 %
Film, Foto 2,4 %
Theater, Kino 2,5 %
Spiele, Spielwaren 4,2 %
Garten, Tiere 7,2 %
Bücher, Zeitungen, Zeitschriften 7,5 %
Sport, Camping 9,1 %
Rundfunk, Fernsehen 13,4 %
Kraftfahrzeug 17,7 %
Urlaub 26,8 %

Quelle: Laufende Wirtschaftsrechnungen, 1996

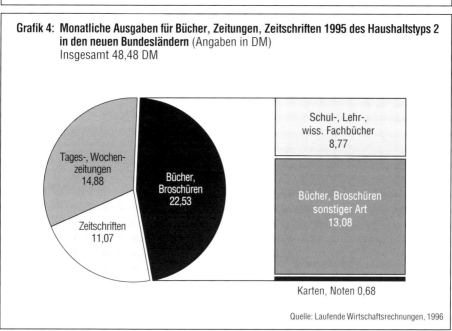

Grafik 4: Monatliche Ausgaben für Bücher, Zeitungen, Zeitschriften 1995 des Haushaltstyps 2 in den neuen Bundesländern (Angaben in DM)
Insgesamt 48,48 DM

Tages-, Wochenzeitungen 14,88
Zeitschriften 11,07
Bücher, Broschüren 22,53
Schul-, Lehr-, wiss. Fachbücher 8,77
Bücher, Broschüren sonstiger Art 13,08
Karten, Noten 0,68

Quelle: Laufende Wirtschaftsrechnungen, 1996

erneut höher als bei den Verbrauchern im alten Bundesgebiet (44,5 %).

Im Kontext der verschiedenen Medien entfiel auf die Ausgaben für Bücher und Broschüren beim Haushaltstyp 2 hinter den Ausgaben für Rundfunk- und Fernsehgebühren, die den größten Anteil aller Medienausgaben ausmachten, der zweithöchste Anteil. Unter den Medienausgaben der Haushalte des Typs 3 im alten Bundesgebiet entfiel auf Bücher und Broschüren 1995 der mit Abstand größte Anteil (23,6 %, neues Bundesgebiet: 17,5 %). Mit Anteilen zwischen 3,9 % und 4,0 % gaben die ostdeutschen Haushalte in Relation zu ihren Gesamtausgaben für den privaten Verbrauch mehr für Medien aus als die Haushalte im alten Bundesgebiet (Anteile zwischen 3,7 % und 3,9 %).

In absoluten Zahlen überstiegen die monatlichen Ausgaben der westdeutschen Verbraucher für Bücher, Zeitungen und Zeitschriften diejenigen der Haushalte im neuen Bundesgebiet. Allein der Haushaltstyp 1 wich in seinem Ausgabenverhalten für Bücher und Broschüren von dieser Regel ab. Hier überstiegen die Ausgaben der ostdeutschen Haushalte die ihrer westdeutschen Vergleichsgruppe deutlich.

Interesse an Büchern

73 % der Deutschen im Alter ab 14 Jahren sind an Büchern interessiert, großes Interesse an diesem Medium zeigen 31 %. Zu diesem Ergebnis kommt die Allensbacher Markt- und Werbeträger-Analyse 1995.

Frauen weisen ein deutlich größeres Interesse an Büchern auf als Männer. Während bundesweit 78 % der Frauen angaben, an Büchern interessiert zu sein, waren es unter den Männern nur 68 %. Nach wie vor ist das

Tab. 2: Monatliche Ausgaben privater Haushalte für Bücher, Zeitungen und Zeitschriften 1995 (in DM)

Warengruppen	Alte Bundesländer			Neue Bundesländer		
	Haushalts-typ 1	Haushalts-typ 2	Haushalts-typ 3	Haushalts-typ 1	Haushalts-typ 2	Haushalts-typ 3
Bücher und Broschüren insgesamt	6,82	28,62	54,68	12,82	22,53	28,05
Karten und Noten	0,45	1,22	2,42	0,55	0,68	0,82
Schul-, Lehr- und wissenschaftliche Fachbücher	1,19	7,33	16,15	2,86	8,77	11,19
Bücher und Broschüren sonstiger Art	5,17	20,08	36,11	9,42	13,08	16,05
Tages- und Wochenzeitungen insgesamt (ohne Fachzeitungen)	21,82	20,62	27,46	17,56	14,88	16,24
Tageszeitungen im Abonnement	17,06	17,12	22,96	14,33	12,26	14,38
Tageszeitungen im Einzelverkauf	4,05	2,80	3,34	2,21	1,78	1,15
Wochenzeitungen im Abonnement	0,31	0,44	0,77	0,51	0,32	0,18
Wochenzeitungen im Einzelverkauf	0,40	0,26	0,39	0,50	0,52	0,53
Zeitschriften	11,82	15,07	23,90	9,29	11,07	12,41
Fachzeitschriften und -zeitungen im Abonnement	0,21	0,98	2,11	0,75	0,95	1,23
Fachzeitschriften und -zeitungen im Einzelverkauf	0,14	0,45	0,64	0,14	0,53	0,58
Andere Zeitschriften im Abonnement	2,77	5,06	9,20	3,12	3,03	3,48
Andere Zeitschriften im Einzelverkauf	8,70	8,58	11,95	5,28	6,57	7,12
Bücher, Zeitungen und Zeitschriften insgesamt	40,46	64,31	106,03	39,67	48,48	56,70

Anmerkungen zu den Haushaltstypen:
Haushaltstyp 1: 2-Personen-Haushalte von Renten- und Sozialhilfeempfängern mit geringem Einkommen.
Haushaltstyp 2: 4-Personen-Haushalte von Angestellten und Arbeitern mit mittlerem Einkommen.
Haushaltstyp 3: 4-Personen-Haushalte von Beamten und Angestellten mit höherem Einkommen.

Quelle: Laufende Wirtschaftsrechnungen, 1996

Interesse an Büchern stark von der Schulbildung abhängig und auch - wenngleich weniger ausgeprägt - durch die Höhe des Haushaltseinkommens bestimmt.

Der Vergleich der alten mit den neuen Bundesländern zeigt das überdurchschnittlich große Interesse an Büchern der ostdeutschen Verbraucher. Während in Westdeutschland 72 % der Bevölkerung ab 14 Jahren an Büchern interessiert sind, liegt diese Quote in den neuen Bundesländern bei 78 %. Sowohl in den alten als auch in den neuen Bundesländern ist der Zusammenhang zwischen dem Buchinteresse und den Faktoren Schulbildung und Haushaltseinkommen eindeutig.

Buchkauf

53 % der Verbraucher in Ost- und Westdeutschland kauften in den letzten 12 Monaten Bücher, davon 42 % mehr als zwei. Jeder zehnte im Alter ab 14 Jahren kaufte 1-2 Bücher. 48 % aller Männer zählten auf den Zeitraum von zwölf Monaten bezogen zu den Buchkäufern. Bei den Frauen lag dieser Anteil mit 57 % deutlich höher. Analog zum Interesse zeigt sich auch beim Kauf von Büchern der Einfluß von Schulbildung und Einkommen. Mit zunehmender Dauer der schulischen Ausbildung und steigendem Haushaltseinkommen nimmt die Zahl der gekauften Bücher zu. Während für Ostdeutschland ein höherer Käuferanteil insge-

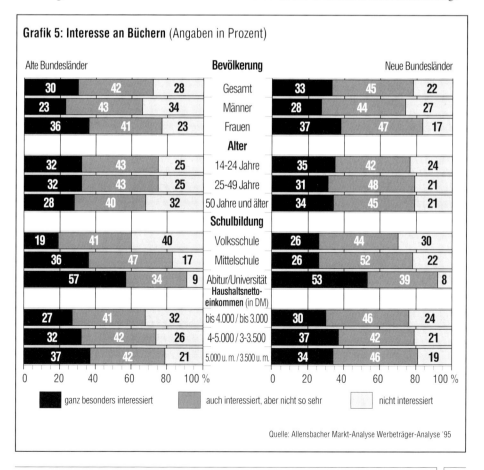

Quelle: Allensbacher Markt-Analyse Werbeträger-Analyse '95

samt festzustellen ist, liegt der Anteil an Intensivkäufern (10 Bücher und mehr) hier unter dem entsprechenden Wert für das alte Bundesgebiet. Der Zusammenhang zwischen Buchkauf und Schulbildung bzw. Einkommen fällt in den neuen Bundesländern schwächer aus als im alten Bundesgebiet. Kauften in Westdeutschland 36 % der Absolventen von Mittelschulen kein Buch, so liegt die entsprechende Rate in Ostdeutschland bei 45 %. Auch die Abiturienten und Hochschulabsolventen weisen im Westen (18 %) einen geringeren Nichtkäuferanteil auf als im neuen Bundesgebiet (21 %). Während in Westdeutschland die Einkommensklassen mit zunehmendem Einkommen steigende Käuferanteile verzeichnen, haben die Einkommensklassen „3.000-3.500 DM" und „3.500 DM und mehr" im neuen Bundesgebiet ähnlich hohe Anteile von Buchkäufern und -nichtkäufern.

Höchstausgaben für Bücher

Jeder fünfte Deutsche ist bereit, für einen Hardcover-Titel 40 DM und mehr auszugeben. 19 % der Bevölkerung ab 14 Jahren geben im allgemeinen nicht mehr als 30 DM für ein fest gebundenes Buch aus. Während Männer eher bereit sind, hier höhere Preise zu zahlen, zeichnen sich Frauen durch eine

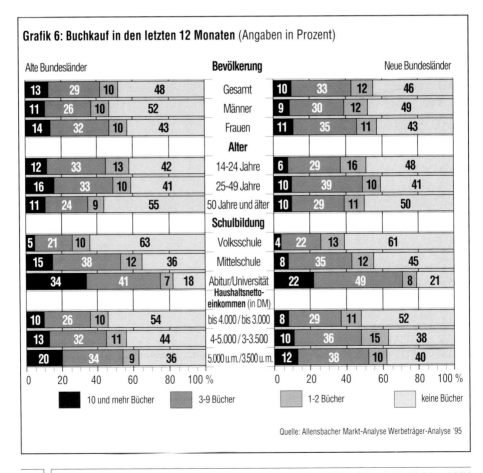

leicht unterdurchschnittliche Ausgabebereitschaft aus. Beim Taschenbuchkauf sind keine geschlechtsspezifischen Unterschiede bezüglich der Ausgabebereitschaft zu verzeichnen. Zwischen dem Betrag, den die Verbraucher in der Regel höchstens ausgeben und der Dauer der Schulbildung bzw. dem Haushaltseinkommen besteht sowohl beim Taschenbuch als auch beim Hardcover-Titel ein deutlicher positiver Zusammenhang. Im Vergleich der Zahlen für die Bevölkerung in den alten und den neuen Bundesländern zeigen sich erhebliche Unterschiede hinsichtlich der Höchstausgaben für Bücher. Während nur 13 % der Ostdeutschen bereit sind, für ein fest gebundenes Buch mehr als 40 DM zu bezahlen, liegt diese Quote in Westdeutschland bei 21 %. 28 % der Verbraucher in den neuen Bundesländern sind nicht bereit, mehr als 30 DM auszugeben. Auch beim Taschenbuchkauf bestehen hinsichtlich der Höchstausgaben der Ost- und Westdeutschen erhebliche Unterschiede. Sind im alten Bundesgebiet 12 % der Verbraucher bereit, auch mehr als 20 DM für ein Taschenbuch auszugeben, so

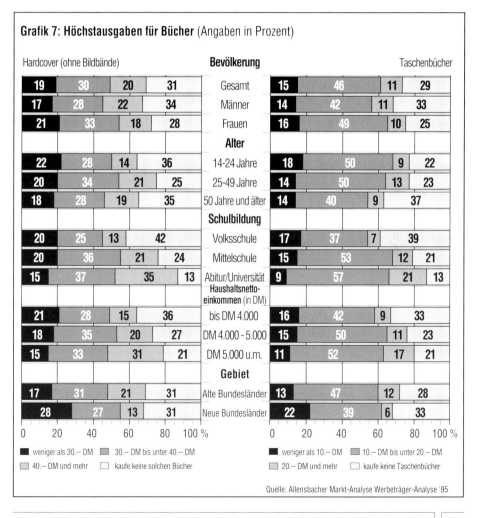

Quelle: Allensbacher Markt-Analyse Werbeträger-Analyse '95

Buch und Buchhandel in Zahlen 1996   **Freizeit- und Medienverhalten**

liegt der entsprechende Anteil in Ostdeutschland bei 6 %. Umgekehrt setzen 22 % der Ostdeutschen bei maximal 10 DM beim Taschenbuchkauf die Obergrenze. Im alten Bundesgebiet geben 13 % im allgemeinen höchstens 10 DM für ein Taschenbuch aus.

Bücher lesen

21 % der Deutschen ab 14 Jahren gehören zu der Gruppe der Vielleser, die mehrmals in der Woche zum Buch greift. 41 % der Bevölkerung in den alten und neuen Bundesländern lesen mehrmals im Monat, weitere 13 % lesen einmal im Monat in Büchern. Insgesamt lesen damit 53 % der über 14jährigen mindestens einmal im Monat in Büchern. 45 % der Deutschen greifen seltener zum Buch. Nach wie vor weisen die Ergebnisse der Media-Analyse die Frauen im Vergleich zu den Männern als deutlich lesefreudiger aus.

Wie beim Buchkauf und Buchinteresse besteht auch beim Lesen ein positiver Zusammenhang zwischen der Lesehäufigkeit und den Merkmalen Schulbildung und Haushaltseinkommen, wobei auch hier die schulische Ausbildung der stärker prägende Faktor ist. Eine ebenso eindeutige Beziehung liegt zwischen der Lesehäufigkeit und dem Alter vor. Jüngere Menschen lesen mehr.

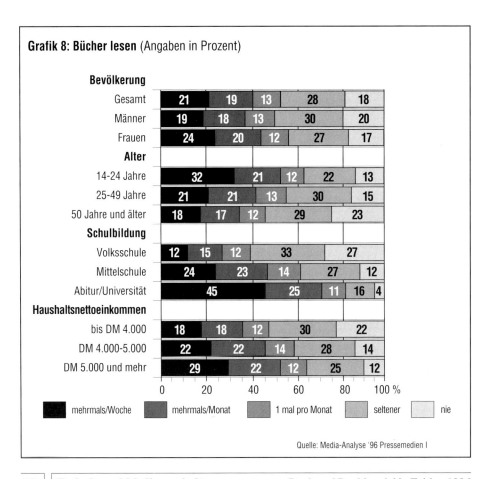

Quelle: Media-Analyse '96 Pressemedien I

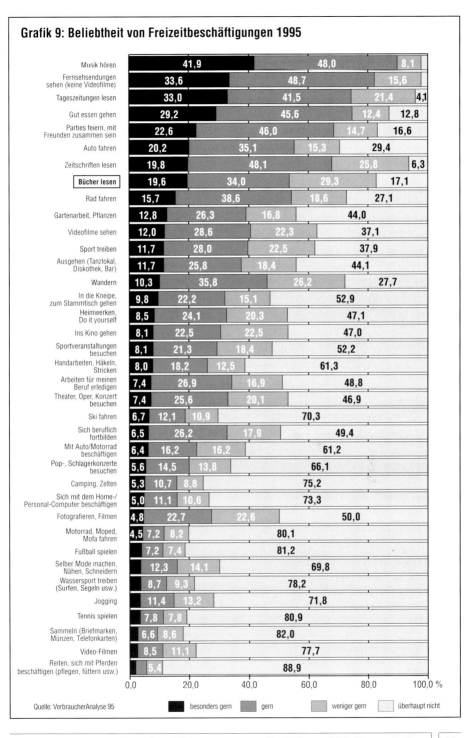

3. BUCHHÄNDLERISCHE BETRIEBE

Das „Adreßbuch für den deutschsprachigen Buchhandel 1996/1997" weist für den Stichtag 30. April 1996 insgesamt 22.472 Einzelfirmen aus, die im weitesten Sinne dem Buchhandel zuzurechnen sind, davon 34% Firmen des verbreitenden Buchhandels und 66% Verlage.

Die Zahl derjenigen Firmen, die ausschließlich oder überwiegend Bücher und Zeitschriften herausgeben oder damit Handel betreiben, ist wesentlich geringer. Die Mehrzahl dieser Firmen gehört dem Börsenverein des Deutschen Buchhandels oder einem der buchhändlerischen Landesverbände an.

Der Börsenverein des Deutschen Buchhandels vertritt die Interessen von insgesamt 6.687 buchhändlerischen Betrieben. Rund zwei Drittel dieser Firmen sind Buchhandlungen.

Mitglieder der buchhändlerischen Fachverbände 1996	Anzahl
Verband Deutscher Antiquare e.V.	127
Verband Deutscher Bahnhofsbuchhändler e.V.	86
Presse-Grosso-Bundesverband Deutscher Buch-, Zeitungs- und Zeitschriften-Grossisten e.V.	65
Verband Deutscher Bühnenverleger e.V.	57
Vereinigung Evangelischer Buchhändler e.V.	202
Arbeitsgemeinschaft von Jugendbuchverlegern in der Bundesrepublik Deutschland e.V.	74
Verband Katholischer Verleger und Buchhändler e.V.	211
Deutscher Leihbuchhändler-Verband e.V.	7
Verband Deutscher Lesezirkel e.V.	137
Deutscher Musikverleger-Verband e.V.	351
Verband der Schulbuchverlage e.V.	62
Bundesverband der Deutschen Versandbuchhändler e.V.	160
Bundesverband des werbenden Buch- und Zeitschriftenhandels e.V.	99
Arbeitsgemeinschaft Wissenschaftlicher Sortimentsbuchhandlungen (AWS)	125
Verband Deutscher Zeitschriftenverleger e.V.	313

Quelle: Adreßbuch für den deutschsprachigen Buchhandel 1996/97

Mitglieder des Börsenvereins Stand 30.04.1996	Alte Bundesländer	Neue Bundesländer	insgesamt
Herstellender Buchhandel	1.938	132	2.070
Verbreitender Buchhandel	3.814	649	4.463
Zwischenbuchhandel	80	3	83
Verlagsvertreter	71	–	71
Mitglieder insgesamt	5.903	784	6.687

Quelle: Börsenverein des Deutschen Buchhandels e.V., 1996

Neben dem Börsenverein nehmen sich zahlreiche Fachverbände spezieller Interessengruppen an. Die Mehrzahl der dort geführten Mitglieder besitzt gleichzeitig die Mitgliedschaft im Börsenverein.

2.876 Verlage weist das „Adreßbuch für den deutschsprachigen Buchhandel 1996/1997" als Verbandsmitglieder des Börsenvereins bzw. der Landesverbände aus. Aufgrund der im Adreßbuch verzeichneten Zweigniederlassungen mit Sitz in anderen Orten ergibt sich eine Differenz zu den Mitgliederzahlen des Börsenvereins. Zusätzlich werden im Adreßbuch Buchhandlungen, die auch als Verlag tätig sind, jedoch nicht als solcher in die Mitgliederstatistik eingehen, gezählt.

7.688 Firmen des verbreitenden Buchhandels sind im Adreßbuch verzeichnet. Auch diese Zahl weicht von den Mitgliederzahlen des Börsenvereins deutlich nach oben hin ab. Die Differenz ergibt sich einerseits aus den Firmen, die nicht im Verband organisiert sind. Darunter befinden sich zahlreiche Buchverkaufsstellen mit einem Sortimentsschwerpunkt, der anderen Branchen zuzuordnen ist. Andererseits erfaßt die Adreßbuchstatistik auch Filialen von Buchhandlungen in anderen Orten, die deshalb nicht in die Mitgliedsstatistik des Börsenvereins Eingang finden.

Tab. 3: Firmen* des herstellenden und verbreitenden Buchhandels nach Orten 1996

Ort**	Einwohnerzahl in 1.000***	Verlage****	Buchhandlungen	Ort**	Einwohnerzahl in 1.000***	Verlage****	Buchhandlungen
Aachen	247,1	19	29	Koblenz	109,6	7	20
Augsburg	262,1	15	33	Köln	963,8	89	159
Bergisch Gladbach	105,1	21	11	Krefeld	249,7	6	22
Berlin	3.472,0	225	319	Leipzig	481,5	29	57
Bielefeld	324,1	18	38	Leverkusen	161,8	4	9
Bochum	401,1	14	34	Lübeck	216,9	11	16
Bonn	293,1	55	64	Ludwigshafen	167,9	1	11
Bottrop	119,7	1	6	Magdeburg	265,4	1	23
Braunschweig	254,1	15	32	Mainz	184,6	25	51
Bremen	549,2	16	65	Mannheim	316,2	13	41
Bremerhaven	130,8	2	9	Moers	107,0	2	8
Chemnitz	274,2	1	16	Mönchengladbach	266,1	2	18
Cottbus	125,6	–	7	Mülheim an der Ruhr	176,5	3	16
Darmstadt	139,1	25	39	München	1.244,7	299	223
Dortmund	600,9	8	34	Münster	264,9	24	45
Dresden	474,4	4	33	Neuss	148,9	4	14
Duisburg	536,1	5	30	Nürnberg	495,8	19	63
Düsseldorf	572,6	57	83	Oberhausen	225,4	3	15
Erfurt	213,5	2	18	Offenbach am Main	116,5	7	16
Erlangen	101,5	11	16	Oldenburg	149,7	4	24
Essen	618,0	38	56	Osnabrück	168,1	4	20
Frankfurt am Main	652,4	125	158	Paderborn	131,5	5	16
Freiburg im Breisgau	198,5	26	55	Pforzheim	118,0	2	8
Fürth	107,8	2	13	Potsdam	138,3	1	11
Gelsenkirchen	293,5	2	19	Recklinghausen	127,1	4	13
Gera	126,0	–	6	Regensburg	125,6	9	25
Göttingen	127,5	14	21	Remscheid	123,1	1	14
Hagen	213,7	2	20	Reutlingen	107,8	6	18
Halle	290,1	2	24	Rostock	232,6	3	15
Hamburg	1.705,9	142	211	Saarbrücken	189,0	9	37
Hamm	184,0	5	13	Salzgitter	117,8	–	5
Hannover	525,8	29	72	Schwerin	118,3	4	9
Heidelberg	139,0	30	44	Siegen	111,5	1	15
Heilbronn	122,3	4	19	Solingen	166,0	1	20
Herne	180,0	4	11	Stuttgart	588,5	133	128
Hildesheim	106,1	7	11	Ulm	115,1	7	26
Ingolstadt	110,9	2	11	Wiesbaden	266,1	40	39
Jena	102,2	2	8	Witten	105,4	2	8
Kaiserslautern	101,9	1	13	Wolfsburg	127,0	–	4
Karlsruhe	277,0	15	44	Wuppertal	383,8	14	38
Kassel	201,8	21	46	Würzburg	127,9	16	28
Kiel	246,6	15	35	Zwickau	104,9	2	6

* Zweigniederlassungen im selben Ort werden nicht erfaßt.
** Orte mit mehr als 100.000 Einwohnern.
*** Bevölkerungsstand: 30.12.1995.
**** Verbandsmitglieder mit Verkehrsnummern.

Quelle: Adreßbuch für den deutschsprachigen Buchhandel 1996/97;
Berechnungen: Börsenverein des Deutschen Buchhandels e.V.;
Gemeindeverzeichnis 1995

Tab.4: Firmen* des herstellenden** und verbreitenden Buchhandels nach Ortsgrößenklassen und Bundesländern 1996

Ortsgrößenklasse	Baden-Württemberg	Bayern	Berlin	Brandenburg	Bremen	Hamburg	Hessen	Mecklenburg-Vorpommern	Niedersachsen
unter 10.000 Einwohner									
Orte insgesamt	877	1.849	–	1.651	–	–	258	1.053	841
Orte mit Verlagen	49	88	–	1	–	–	32	2	11
Anzahl der Verlage	54	111	–	1	–	–	38	2	13
Orte mit Buchhandlungen	140	185	–	28	–	–	66	31	109
Anzahl der Buchhandlungen	171	222	–	31	–	–	89	32	130
10.000-20.000 Einwohner									
Orte insgesamt	144	147	–	25	–	–	114	17	106
Orte mit Verlagen	38	51	–	4	–	–	34	–	13
Anzahl der Verlage	45	86	–	4	–	–	57	–	15
Orte mit Buchhandlungen	114	128	–	14	–	–	87	17	69
Anzahl der Buchhandlungen	207	298	–	17	–	–	185	23	119
20.000-50.000 Einwohner									
Orte insgesamt	66	42	–	20	–	–	42	4	66
Orte mit Verlagen	39	17	–	3	–	–	19	–	23
Anzahl der Verlage	88	27	–	3	–	–	38	–	34
Orte mit Buchhandlungen	64	41	–	18	–	–	38	4	62
Anzahl der Buchhandlungen	286	156	–	32	–	–	137	10	203
50.000-100.000 Einwohner									
Orte insgesamt	15	10	–	2	–	–	7	4	11
Orte mit Verlagen	14	9	–	1	–	–	7	2	7
Anzahl der Verlage	64	22	–	1	–	–	42	3	19
Orte mit Buchhandlungen	15	10	–	2	–	–	7	4	11
Anzahl der Buchhandlungen	140	81	–	10	–	–	76	18	61
100.000-200.000 Einwohner									
Orte insgesamt	6	5	–	2	1	–	2	1	6
Orte mit Verlagen	6	5	–	1	1	–	2	1	4
Anzahl der Verlage	75	40	–	1	2	–	32	4	29
Orte mit Buchhandlungen	6	5	–	2	1	–	2	1	6
Anzahl der Buchhandlungen	170	93	–	18	9	–	55	9	85
200.000-500.000 Einwohner									
Orte insgesamt	2	2	–	–	–	–	2	1	1
Orte mit Verlagen	2	2	–	–	–	–	2	1	1
Anzahl der Verlage	28	34	–	–	–	–	61	3	15
Orte mit Buchhandlungen	2	2	–	–	–	–	2	1	1
Anzahl der Buchhandlungen	85	96	–	–	–	–	85	15	32
mehr als 500.000 Einwohner									
Orte insgesamt	1	1	1	–	1	1	1	–	1
Orte mit Verlagen	1	1	1	–	1	1	1	–	1
Anzahl der Verlage	133	299	225	–	16	142	125	–	29
Orte mit Buchhandlungen	1	1	1	–	1	1	1	–	1
Anzahl der Buchhandlungen	128	223	319	–	65	211	158	–	72

Fortsetzung Tab. 4

Ortsgrößenklasse	Nordrhein-Westfalen	Rheinland-Pfalz	Saarland	Sachsen	Sachsen-Anhalt	Schleswig-Holstein	Thüringen	insgesamt
unter 10.000 Einwohner								
Orte insgesamt	63	2.261	11	905	1.266	1.081	1.207	13.323
Orte mit Verlagen	3	22	1	3	–	24	1	237
Anzahl der Verlage	5	27	1	4	–	27	1	284
Orte mit Buchhandlungen	27	128	7	59	37	54	57	928
Anzahl der Buchhandlungen	31	181	7	70	41	69	61	1.135
10.000-20.000 Einwohner								
Orte insgesamt	128	24	29	37	15	31	13	830
Orte mit Verlagen	20	7	2	2	–	3	1	175
Anzahl der Verlage	23	8	2	2	–	4	1	247
Orte mit Buchhandlungen	87	22	17	28	10	24	11	628
Anzahl der Buchhandlungen	137	53	30	49	18	44	22	1.202
20.000-50.000 Einwohner								
Orte insgesamt	131	12	10	22	19	14	15	463
Orte mit Verlagen	50	5	4	2	4	7	5	178
Anzahl der Verlage	72	11	4	3	4	16	7	307
Orte mit Buchhandlungen	120	11	10	22	19	14	15	438
Anzahl der Buchhandlungen	311	61	43	52	52	47	42	1.432
50.000-100.000 Einwohner								
Orte insgesamt	44	4	1	3	2	3	3	109
Orte mit Verlagen	24	4	–	1	1	3	2	75
Anzahl der Verlage	42	14	–	1	1	6	4	219
Orte mit Buchhandlungen	44	4	1	3	2	3	3	109
Anzahl der Buchhandlungen	237	39	5	14	17	25	16	739
100.000-200.000 Einwohner								
Orte insgesamt	14	4	1	1	–	–	2	45
Orte mit Verlagen	14	4	1	1	–	–	1	41
Anzahl der Verlage	58	34	9	2	–	–	2	288
Orte mit Buchhandlungen	14	4	1	1	–	–	2	45
Anzahl der Buchhandlungen	174	95	37	6	–	–	14	765
200.000-500.000 Einwohner								
Orte insgesamt	11	–	–	3	2	2	1	27
Orte mit Verlagen	11	–	–	3	2	2	1	27
Anzahl der Verlage	159	–	–	34	3	26	2	365
Orte mit Buchhandlungen	11	–	–	3	2	2	1	27
Anzahl der Buchhandlungen	342	–	–	106	47	51	18	877
mehr als 500.000 Einwohner								
Orte insgesamt	5	–	–	–	–	–	–	12
Orte mit Verlagen	5	–	–	–	–	–	–	12
Anzahl der Verlage	197	–	–	–	–	–	–	1.166
Orte mit Buchhandlungen	5	–	–	–	–	–	–	12
Anzahl der Buchhandlungen	362	–	–	–	–	–	–	1.538

* Zweigniederlassungen im selben Ort werden nicht erfaßt.
** Verbandsmitglieder mit Verkehrsnummern.

Quelle: Adreßbuch für den deutschsprachigen Buchhandel 1996/97; Berechnungen: Börsenverein des Deutschen Buchhandels e.V.; Gemeindeverzeichnis 1995

Einen Überblick über die Verteilung der Unternehmen des herstellenden und verbreitenden Buchhandels auf die Bundesländer und die verschiedenen Umsatzgrößenklassen gewährt die Umsatzsteuerstatistik, die vom Statistischen Bundesamt zweijährlich bereitgestellt wird. 2.066 Buchverlage und 5.745 Firmen des Einzelhandels mit Büchern und Fachzeitschriften weist die erstmals auch die Unternehmen im neuen Bundesgebiet umfassende Umsatzsteuerstatistik für das Jahr 1992 aus.

Tab. 5: Steuerpflichtige Buchverlage* (inkl. Adreßbücher) nach Umsatzgrößenklassen und Bundesländern 1992

Umsatzgrößenklasse** von ... bis unter ... DM	Baden-Württemberg	Bayern	Berlin	Brandenburg	Bremen	Hamburg	Hessen	Mecklenburg-Vorpommern	Niedersachsen
25.000-50.000	41	41	9	.	–	11	20	.	13
50.000-100.000	49	49	12	.	–	10	24	.	20
100.000-250.000	69	67	19	.	2	11	73	–	23
250.000-500.000	60	41	9	.	–	10	30	.	16
500.000-1 Mio.	48	38	11	.	–	10	37	3	16
1 Mio.-2 Mio.	54	34	11	.		12	25	.	21
2 Mio.-5 Mio.	49	32	10	.	6	7	32	.	9
5 Mio.-10 Mio.	25	19	3	.		9	8	–	6
10 Mio.-25 Mio.	23	20		.		4	17	–	5
25 Mio.-50 Mio.	13	9	10	.	–			–	
50 Mio.-100 Mio.	6	8		.	–	3	12	–	4
100 Mio. und mehr	7	7		.	–			–	
Insgesamt	**444**	**365**	**94**	**9**	**8**	**87**	**278**	**11**	**133**

* Ohne Unternehmen mit Umsätzen unter 25.000 DM.   ** Ohne Mehrwertsteuer.
. (Punkt) Zur Wahrung des Steuergeheimnisses nicht ausgewiesen.   Quelle: Umsatzsteuerstatistik, 1994

Fortsetzung Tab. 5

Umsatzgrößenklasse** von ... bis unter ... DM	Nordrhein-Westfalen	Rheinland-Pfalz	Saarland	Sachsen	Sachsen-Anhalt	Schleswig-Holstein	Thüringen	insgesamt
25.000-50.000	47	11		.	2	4	4	210
50.000-100.000	55	16	8	7	–	6		253
100.000-250.000	67	20		5	4	10	5	385
250.000-500.000	57	12		7	2	9		260
500.000-1 Mio.	42	11	6	7	2	10	–	237
1 Mio.-2 Mio.	43	10		7	2	1	3	226
2 Mio.-5 Mio.	36	8	–	4		4		198
5 Mio.-10 Mio.	26		–	.	1	2	3	108
10 Mio.-25 Mio.	16		–	–	–	1		89
25 Mio.-50 Mio.	12	7	–	–	–			49
50 Mio.-100 Mio.	7		–	–	–	1		29
100 Mio. und mehr			–	–	–		–	22
Insgesamt	**408**	**95**	**14**	**44**	**13**	**48**	**15**	**2.066**

* Ohne Unternehmen mit Umsätzen unter 25.000 DM.   ** Ohne Mehrwertsteuer.
. (Punkt) Zur Wahrung des Steuergeheimnisses nicht ausgewiesen.   Quelle: Umsatzsteuerstatistik, 1994

Seit 1982 hat sich die Zahl der in der Umsatzsteuerstatistik erfaßten Buchverlage von 1.697 Firmen auf 2.066 erhöht. Auch im Einzelhandel mit Büchern und Fachzeitschriften gab es innerhalb dieses Zeitraums von zehn Jahren dem Trend zur Filialisierung und Konzentration zum Trotz bei der Anzahl der Firmen einen Zuwachs von 4.116 auf 5.745 Unternehmen.

Tab. 6: Steuerpflichtige* im Einzelhandel mit Büchern und Fachzeitschriften nach Umsatzgrößenklassen und Bundesländern 1992

Umsatzgrößenklasse** von ... bis unter ... DM	Baden-Württemberg	Bayern	Berlin	Brandenburg	Bremen	Hamburg	Hessen	Mecklenburg-Vorpommern	Niedersachsen
25.000-50.000	65	62	31	14	4	9	34	10	39
50.000-100.000	81	91	40	16		15	41	12	62
100.000-250.000	112	175	66	30	12	28	79	22	73
250.000-500.000	162	154	65	34	8	38	116	33	96
500.000-1 Mio.	184	157	60	34	11	41	97	21	129
1 Mio.-2 Mio.	102	125	37	21	8	33	63	17	75
2 Mio.-5 Mio.	55	62	20	8		13	29	.	52
5 Mio.-10 Mio.	20	18	5	–	3		14	.	10
10 Mio.-25 Mio.	13	6	–	–	–	4	6	–	–
25 Mio.-50 Mio.		8	–	–	–			–	8
50 Mio.-100 Mio.	5	4	–	–	–	–	3	–	–
100 Mio. und mehr	–	–	–	–	–	–	–	–	–
Insgesamt	**799**	**854**	**332**	**157**	**46**	**181**	**482**	**124**	**544**

* Ohne Unternehmen mit Umsätzen unter 25.000 DM. ** Ohne Mehrwertsteuer.
 · (Punkt) Zur Wahrung des Steuergeheimnisses nicht ausgewiesen.   Quelle: Umsatzsteuerstatistik, 1994

Fortsetzung Tab. 6

Umsatzgrößenklasse** von ... bis unter ... DM	Nordrhein-Westfalen	Rheinland-Pfalz	Saarland	Sachsen	Sachsen-Anhalt	Schleswig-Holstein	Thüringen	insgesamt
25.000-50.000	87	15	5	27	13	7	11	430
50.000-100.000	112	23	8	34	16	14	17	585
100.000-250.000	197	38	11	58	28	32	25	986
250.000-500.000	223	53	15	56	35	56	26	1.170
500.000-1 Mio.	235	68	11	41	36	57	30	1.212
1 Mio.-2 Mio.	176	.	8		26	31	32	777
2 Mio.-5 Mio.	76	11		7	29	19		388
5 Mio.-10 Mio.	23				1	3	4	115
10 Mio.-25 Mio.	10		–	–	–	1	–	54
25 Mio.-50 Mio.	7		.	–	–	1	–	20
50 Mio.-100 Mio.	–	–	–	–	–	1	–	8
100 Mio. und mehr	–	–	–	–	–	–	–	–
Insgesamt	**1.146**	**248**	**65**	**245**	**156**	**221**	**145**	**5.745**

* Ohne Unternehmen mit Umsätzen unter 25.000 DM. ** Ohne Mehrwertsteuer.
 · (Punkt) Zur Wahrung des Steuergeheimnisses nicht ausgewiesen.   Quelle: Umsatzsteuerstatistik, 1994

4. DIE UMSATZENTWICKLUNG

Der deutsche Buchhandel erzielte 1995 auf dem Inlandsmarkt ein Umsatzvolumen in Höhe von geschätzt 16,5 Milliarden DM zu Endverbraucherpreisen. Der Vorjahreswert wurde damit erneut um 3,5 % übertroffen. Auf Bücher entfiel bei einem Zuwachs von ebenfalls 3,5 % ein Umsatz von 14,9 Milliarden DM. Mit +3,2 % im Vergleich zum Vorjahr ist bei den Vertriebserlösen Fach- und wissenschaftlicher Zeitschriften ein leicht unterdurchschnittliches Wachstum zu verzeichnen. Ihr Marktanteil war somit im zweiten Jahr in Folge rückläufig. Überdurchschnittliche Umsatzzuwächse waren 1995 insbesondere bei Restauflagen und Taschenbüchern zu vermelden. Mit einem Anteil in Höhe von 60,2 % war der Sortimentsbuchhandel nach wie vor der dominierende Absatzkanal. Bedingt durch sein unterdurchschnittliches Wachstum von +2,7 % entwickelte sich der Marktanteil des Sortimentsbuchhandels allerdings rückläufig. Die stärkste Umsatzentwicklung wurde erneut im Verlagsdirektvertrieb (+8,8%) realisiert. Mit +3,5 % erzielten die sonstigen Verkaufsstellen, die Bücher sowie Fach- und wissenschaftliche Zeitschriften nur als Teilsortiment neben anderen Produkten führen, die nächsthöchsten Zuwächse.

Tab. 7: Geschätzte Umsätze buchhändlerischer Betriebe zu Endverbraucherpreisen 1991-1995

	1991 Mio. DM	1991 Anteil in %	1992 Mio. DM	1992 Anteil in %	1993 Mio. DM	1993 Anteil in %	1994 Mio. DM	1994 Anteil in %	1995 Mio. DM	1995 Anteil in %	Veränd. in %
Vertriebsweg:											
Sortimentsbuchhandel	8.088	59,8	9.078	61,2	9.378	60,8	9.697	60,7	9.959	60,2	+2,7
Sonstige Verkaufsstellen	1.260	9,3	1.397	9,4	1.460	9,5	1.511	9,5	1.564	9,5	+3,5
Warenhäuser	660	4,9	733	5,0	792	5,1	808	5,1	828	5,0	+2,5
Reise- und Versandbuchhandel	1.088	8,1	949	6,4	994	6,4	1.027	6,4	1.056	6,4	+2,8
Verlage direkt	1.881	13,9	2.009	13,5	2.119	13,7	2.242	14,0	2.439	14,7	+8,8
Buchgemeinschaften	540	4,0	662	4,5	690	4,5	690	4,3	690	4,2	±0,0
Zwischensumme	13.517	100,0	14.828	100,0	15.433	100,0	15.975	100,0	16.536	100,0	+3,5
Sonstige (insb. unbek. Umsätze in den neuen Bundesländern)	741										
Insgesamt	14.258		14.828		15.433		15.975		16.536		
Warengruppe:											
Fachbuch/Wissenschaft/Schulbuch	5.320	37,3	5.474	36,9	5.474	35,5	5.638	35,3	5.835	35,3	+3,5
Allgemeine Literatur	7.574	53,1	7.899	53,3	8.439	54,7	8.794	55,0	9.109	55,1	+3,6
davon: Taschenbuch	1.314	9,2	1.339	9,0	1.446	9,4	1.497	9,4	1.564	9,5	+4,5
Belletristik/Sachbuch/Jugendbuch/Lexika/Kartographie/Sonstiges	5.410	37,9	5.670	38,2	6.058	39,3	6.325	39,6	6.515	39,4	+3,0
Restauflagen	850	6,0	890	6,0	935	6,1	972	6,1	1.030	6,2	+6,0
Bücher insgesamt	12.894	90,4	13.373	90,2	13.913	90,2	14.432	90,3	14.944	90,4	+3,5
Vertriebserlöse Fach- und wissenschaftliche Zeitschriften	1.365	9,6	1.455	9,8	1.520	9,8	1.543	9,7	1.592	9,6	+3,2
Insgesamt	14.258	100,0	14.828	100,0	15.433	100,0	15.975	100,0	16.536	100,0	+3,5

Quelle: Dr. Benzing, Verlagsgruppe Bertelsmann

5. BETRIEBSWIRTSCHAFTLICHE KENNZAHLEN

5.1. Verlagsbuchhandel

543 Verlage mit einem Umsatzvolumen in Höhe von insgesamt 6,5 Milliarden DM beteiligten sich an der 20. Schnell-Umfrage des Börsenvereins „Zur wirtschaftlichen Entwicklung im Verlagsbuchhandel 1995". Sie erreicht damit eine Marktabdeckung von schätzungsweise 50 % des Umsatzvolumens aller Verlage im Börsenverein. Gleichwohl verzichtet die Berichterstattung ausdrücklich auf statistische Verallgemeinerung ihrer Ergebnisse, weil sie auf die freiwillige Teilnahme der Verlage angewiesen ist. 32 % der Umfrageteilnehmer erzielten 1995 einen Jahresumsatz bis zu einer Million DM. 27 % der Verlage entfielen auf die Umsatzgrößenklasse 1 bis 5 Millionen DM. 41 % der Unternehmen erreichten im vergangenen Geschäftsjahr Umsätze von mehr als fünf Millionen DM.

Nachdem die Verlage in den Jahren 1990 und 1991 wiedervereinigungsbedingt hohe Umsatzzuwächse erzielten, waren in den nachfolgenden Jahren gemäßigte Wachstumsraten zwischen drei und fünf Prozent zu verzeichnen. 1995 realisierten die Umfrageteilnehmer mit +4,2 % eine im Vergleich zum Vorjahr leicht beschleunigte Umsatzentwicklung. Erneut verliefen Branchen- und Firmenkonjunktur sehr unterschiedlich. Während jeder vierte Umfrageteilnehmer Umsatzeinbußen in Höhe von mehr als 2,8 % vom Vorjahresumsatz verzeichnete, realisierte ein weiteres Viertel der Verlage Wachstumsraten über 15,0 %. Die nach Umsatzgrößenklassen differenzierte Betrachtung der durchschnittlichen Umsatzentwicklung weist für die Verlage mit Umsätzen unter zwei Millionen DM überdurchschnittliche Zuwächse aus. In dieser Größenklasse fällt auch die Streuung der Zuwachsraten am stärksten aus. Die Verlage mit Umsätzen zwischen 2 und 10 Millionen DM blieben im Durchschnitt etwas unter dem Mittelwert von +4,2 % zurück. Die größeren Verlage mit mindestens 10 Millionen DM Jahresumsatz verzeichneten insgesamt etwa durchschnittliche Wachstumsraten.

Tab. 9: Entwicklung der Verlagserlöse insgesamt, Personal- und Werbekosten 1991-1995
Veränderungen in % der Vorjahreswerte

Jahr	Verlagserlöse insgesamt	Personalkosten	Werbekosten
1991	+ 11,3	+ 9,9	+ 12,0
1992	+ 3,4	+ 8,7	+ 1,8
1993	+ 4,8	+ 3,5	+ 5,1
1994	+ 3,7	+ 1,6	+ 6,8
1995	+ 4,2	+ 4,0	+ 5,7

Quelle: Schnell-Umfrage Verlagsbuchhandel

Nachdem sich die beiden von der Schnell-Umfrage erfaßten Kostenarten im Vorjahr noch sehr unterschiedlich entwickelt hatten, fielen die Zuwachsraten im Jahr 1995 wieder ähnlicher aus. Im dritten Jahr hintereinander wiesen die Werbekosten höhere Zuwächse auf als die Personalkosten.

Das wirtschaftliche Jahresergebnis (im Sinne der Steuerbilanz) hat sich nach Einschätzung von 45 % der Umfrageteilnehmer im Vergleich zum Vorjahr verbessert. 26 % meldeten ein Jahresergebnis „etwa wie 1994", weitere 29 % der Verlage gaben an, ein schlechteres Jahresergebnis als 1994 erzielt zu haben.

Tab. 8: Umsatzentwicklung nach Geschäftsarten 1991-1995
Veränderungen in % der Vorjahreswerte

	1991	1992	1993	1994	1995
Bücher	+12,6	+ 2,8	+ 6,0	+ 4,6	+4,1
Zeitschriften	+ 7,4	+ 3,4	+ 4,9	+ 1,2	+3,2
Sonstige Waren	+13,8	+ 9,6	− 0,1	+ 2,2	−2,4
Nebenrechte	+11,5	− 1,1	+11,3	+12,0	+4,2
Anzeigen	+ 5,2	+ 6,0	− 5,1	− 0,3	+8,9
Insgesamt	+11,3	+ 3,4	+ 4,8	+ 3,7	+4,2

Quelle: Schnell-Umfrage Verlagsbuchhandel

Im Rahmen der Harmonisierung internationaler Statistiken vollzog das Statistische Bundesamt die Übernahme der Verlage vom Dienstleistungsgewerbe in das produzierende Gewerbe. Damit wurden die Verlage 1995 erstmals für die im Rahmen des

Tab. 10: Umsätze* im Verlagsbuchhandel** 1995

Monat	Inland***	Ausland***	Insgesamt***	Anteil in %	Index	Anteil Ausland in %
Januar	580.303	53.067	633.370	7,4	89,2	8,4
Februar	640.603	50.426	691.029	8,1	97,4	7,3
März	663.202	54.648	717.850	8,4	101,1	7,6
April	523.966	33.781	557.747	6,5	78,6	6,1
Mai	595.701	44.732	640.433	7,5	90,2	7,0
Juni	620.252	47.574	667.826	7,8	94,1	7,1
Juli	742.042	41.951	783.993	9,2	110,5	5,4
August	671.332	48.896	720.228	8,5	101,5	6,8
September	730.886	54.760	785.646	9,2	110,7	7,0
Oktober	731.071	57.501	788.572	9,3	111,1	7,3
November	724.938	69.863	794.801	9,3	112,0	8,8
Dezember	669.260	66.996	736.256	8,6	103,7	9,1
Insgesamt****	7.893.549	624.477	8.518.026	100,0		
Jahresdurchschnitt****	657.796	52.040	709.836		100,0	7,3

* Vorläufige Zahlen.
** Unternehmen mit mindestens 20 Beschäftigten, inkl. Musikverlage, Umsätze ohne Mehrwertsteuer.
*** Werte in 1.000 DM.
**** Werte enthalten Nachmeldungen und Korrekturen; die aus den Monatswerten zu errechnenden Werte können deshalb von diesen korrigierten Werten geringfügig abweichen.

Quelle: Monatsbericht für Betriebe im Bergbau und Verarbeitenden Gewerbe, 1996; Berechnungen: Börsenverein des Deutschen Buchhandels e.V.

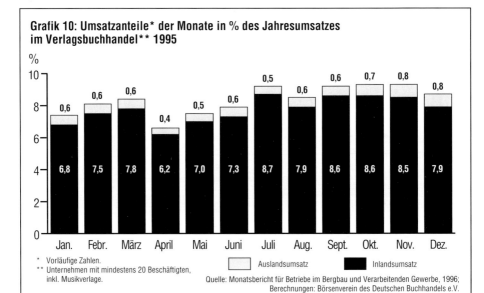

Grafik 10: Umsatzanteile* der Monate in % des Jahresumsatzes im Verlagsbuchhandel** 1995

* Vorläufige Zahlen.
** Unternehmen mit mindestens 20 Beschäftigten, inkl. Musikverlage.

Quelle: Monatsbericht für Betriebe im Bergbau und Verarbeitenden Gewerbe, 1996; Berechnungen: Börsenverein des Deutschen Buchhandels e.V.

Erhebungsprogramms des produzierenden Gewerbes bestehenden Umfragen meldepflichtig. Der Monatsbericht für Betriebe und Mehrbetriebsunternehmen erfaßt Verlage mit mindestens 20 Beschäftigten und deren Filialen. Die vorliegenden Zahlen der Buchverlage sind vorläufige Ergebnisse. Jahresdurchschnittlich 195 Buchverlage meldeten einen Gesamtumsatz in Höhe von 8,5 Milliarden DM zu Nettopreisen abzüglich Mehrwertsteuer. Buchumsätze von Unternehmen, deren Wirtschaftsschwerpunkt nicht im Buch-Bereich liegt, werden in dieser Statistik nicht erfaßt. Umsätze von Buchverlagen mit anderen Waren fließen hingegen in die vorliegenden Zahlen ein.

Ein Vergleich der Umsätze je Quartal weist für das letzte Vierteljahr mit anteilig 27,2 % den höchsten Umsatzanteil aus. Mit einem Umsatzanteil in Höhe von 26,9 % blieb das dritte Quartal nur knapp unter dem Wert des vierten Vierteljahres. 24,0 % Umsatzanteil entfiel auf das erste Quartal des Jahres 1995. Mit anteilig 21,9 % fiel der Umsatz des zweiten Vierteljahres deutlich unterdurchschnittlich aus. 2.066 steuerpflichtige Buchverlage (ein-

Grafik 11: Umsatzkonzentration im Verlagsbuchhandel 1982 und 1992

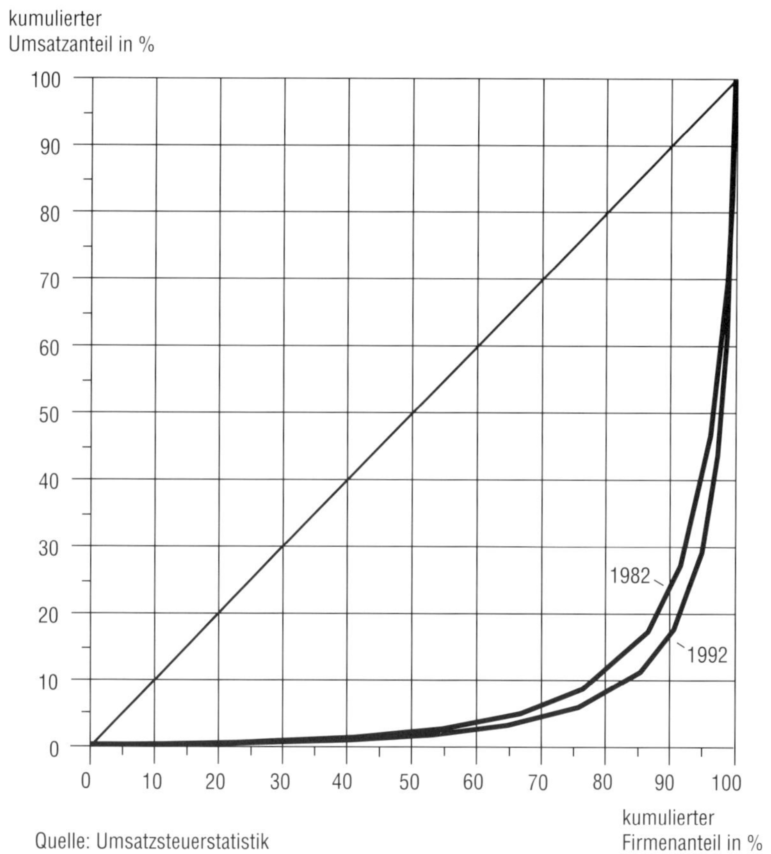

Quelle: Umsatzsteuerstatistik

Buch und Buchhandel in Zahlen 1996 **Verlagsbuchhandel**

schließlich Adreßbuchverlage) in beiden Teilen Deutschlands erzielten 1992 einen Umsatz in Höhe von insgesamt 11,9 Milliarden DM zu Nettopreisen abzüglich Mehrwertsteuer. Im Vergleich der Jahre 1982 und 1992 zeigt sich bei den Buchverlagen eine zunehmende Konzentration. Während im Jahr 1982 8,1 % der größten Buchverlage einen Umsatzanteil in Höhe von 72,9 % auf sich vereinigten, erzielten die 9,1 % größten Buchverlage zehn Jahr später bereits 82,5 % des Gesamtumsatzes der Branche.

Tab. 11: Steuerbarer Umsatz der Buchverlage* (inkl. Adreßbücher) nach Umsatzgrößenklassen und Bundesländern 1992 (in 1.000 DM)

Umsatzgrößen-klasse** von ... bis unter ... DM	Baden-Württemberg	Bayern	Berlin	Brandenburg	Bremen	Hamburg	Hessen	Mecklenburg-Vorpommern	Niedersachsen
25.000-50.000	1.413	1.567	343	.	.	445	789	.	491
50.000-100.000	3.720	3.655	809	.	.	734	1.594	.	1.401
100.000-250.000	11.027	10.564	3.399	.	.	1.838	11.559	–	3.818
250.000-500.000	20.942	14.603	3.414	.	.	3.582	10.519	.	6.400
500.000-1 Mio.	34.203	27.393	7.877	.	.	6.554	27.149	2.586	10.922
1 Mio.-2 Mio.	77.753	49.299	15.998	.	.	15.624	35.597	.	29.548
2 Mio.-5 Mio.	163.053	99.305	32.385	.	.	21.307	105.035	.	29.535
5 Mio.-10 Mio.	178.639	140.357	24.033	.	.	56.210	51.523	–	41.212
10 Mio.-25 Mio.	334.582	319.187	775.786	.	.	106.380	308.049	–	63.877
25 Mio.-50 Mio.	455.514	283.240		.	.			–	
50 Mio.-100 Mio.	549.695	616.899		.	.	245.708	608.418	–	288.230
100 Mio. und mehr	1.817.814	1.481.715		.	.			–	
Insgesamt	**3.648.355**	**3.047.785**	**864.043**	**8.231**	**30.362**	**458.383**	**1.160.231**	**10.431**	**475.434**

* Ohne Unternehmen mit Umsätzen unter 25.000 DM. ** Ohne Mehrwertsteuer. Quelle: Umsatzsteuerstatistik, 1994
. (Punkt) Zur Wahrung des Steuergeheimnisses nicht ausgewiesen.

Fortsetzung Tab. 11

Umsatzgrößen-klasse** von ... bis unter ... DM	Nordrhein-Westfalen	Rheinland-Pfalz	Saarland	Sachsen	Sachsen-Anhalt	Schleswig-Holstein	Thüringen	insgesamt
25.000-50.000	1.757	403	.	.	.	151	258	7.865
50.000-100.000	4.017	1.106	1.028	499	–	417		18.371
100.000-250.000	10.902	3.230	.	1.026	768	1.769	1.099	62.943
250.000-500.000	20.136	4.605	.	2.795	.	3.105		93.330
500.000-1 Mio.	31.816	8.659	3.971	5.137	.	7.537	–	172.763
1 Mio.-2 Mio.	63.609	13.744	.	10.232	.	.	4.977	324.624
2 Mio.-5 Mio.	112.006	26.531	–	12.599	.	10.600		632.775
5 Mio.-10 Mio.	184.366	.	.	.	.	.	25.362	763.480
10 Mio.-25 Mio.	220.222	95.826	–	–	–	–		1.374.387
25 Mio.-50 Mio.	441.932		–	–	–	–	–	1.746.711
50 Mio.-100 Mio.	699.578		–	–	–	.	–	2.124.790
100 Mio. und mehr			–	–	–	–	–	4.575.532
Insgesamt	**1.790.341**	**154.106**	**4.999**	**38.612**	**12.409**	**162.156**	**31.697**	**11.897.575**

* Ohne Unternehmen mit Umsätzen unter 25.000 DM. ** Ohne Mehrwertsteuer. Quelle: Umsatzsteuerstatistik, 1994
. (Punkt) Zur Wahrung des Steuergeheimnisses nicht ausgewiesen.

5.2. Sortimentsbuchhandel

6,8 Milliarden DM Umsatz (ohne Mehrwertsteuer) erzielten die 5.745 Unternehmen im Einzelhandel von Büchern und Fachzeitschriften in beiden Teilen Deutschlands 1992. Auf 23,7 % der erfaßten Unternehmen entfiel 1992 ein Anteil am Branchenumsatz in Höhe von 77,9 %. Umgekehrt vereinten die Firmen mit einem Jahresumsatz bis eine Million DM, die mit 76,3 % mehr als drei Viertel der Unternehmen stellen, lediglich 22,1 % des Gesamtumsatzes auf sich.
Im gesamten Einzelhandel fiel die Umsatzkonzentration 1992 deutlich stärker aus. Hier erzielten die Firmen mit Jahresumsätzen bis eine Million DM, deren zahlenmäßiger Anteil mit 79,2 % über dem des Einzelhandels mit Büchern und Fachzeitschriften lag, sogar nur 13,7 % aller Umsätze. Die Lorenzkurve in Grafik 12 bildet diese Größenverhältnisse ab.

Erstmals beinhaltet die im Abstand von zwei Jahren von den Statistischen Landesämtern erarbeitete Umsatzsteuerstatistik auch die

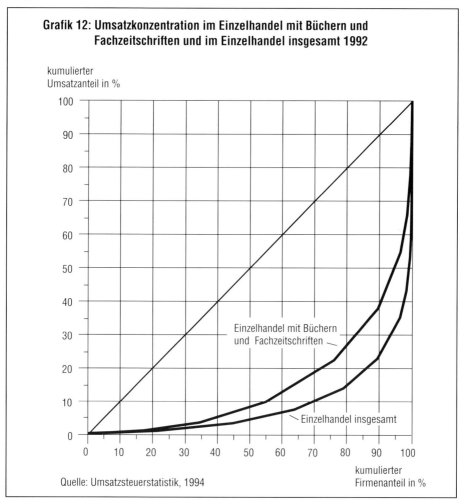

Grafik 12: Umsatzkonzentration im Einzelhandel mit Büchern und Fachzeitschriften und im Einzelhandel insgesamt 1992

Quelle: Umsatzsteuerstatistik, 1994

Firmen in den neuen Bundesländern. Erfaßt werden in dieser Statistik alle Unternehmen mit einem Jahresumsatz in Höhe von mindestens 25.000 DM. Der Monatsbetriebsvergleich des Instituts für Handelsforschung an der Universität zu Köln weist für den Sortimentsbuchhandel des alten Bundesgebiets für 1995 ein nominales Umsatzwachstum in Höhe von 2 % aus. Es handelt sich dabei um vorläufige

Tab. 12: Steuerbarer Umsatz* im Einzelhandel mit Büchern und Fachzeitschriften nach Umsatzgrößenklassen und Bundesländern 1992 (in 1.000 DM)

Umsatzgrößenklasse** von ... bis unter ... DM	Baden-Württemberg	Bayern	Berlin	Brandenburg	Bremen	Hamburg	Hessen	Mecklenburg-Vorpommern	Niedersachsen
25.000-50.000	2.346	2.175	1.148	1.751	284	318	1.239	364	1.473
50.000-100.000	5.878	6.701	2.940			1.145	2.816	760	4.480
100.000-250.000	19.073	29.231	10.674	5.339	2.001	4.421	13.886	4.136	12.672
250.000-500.000	59.216	57.199	23.397	12.514	2.443	13.305	41.561	12.240	33.821
500.000-1 Mio.	132.253	109.512	43.280	24.310	7.912	27.668	66.007	14.666	91.447
1 Mio.-2 Mio.	137.761	168.037	52.856	56.336	20.639	46.377	85.577	23.712	105.317
2 Mio.-5 Mio.	159.797	186.649	63.080			53.990	92.197	33.703	162.200
5 Mio.-10 Mio.	131.296	122.664	27.482	–	23.210		94.182		69.001
10 Mio.-25 Mio.	229.652	74.052		–	–	–	81.139	94.123	–
25 Mio.-50 Mio.			223.985	–	–			–	199.106
50 Mio.-100 Mio.	393.615	275.890		–	–	–	162.533	–	
100 Mio. und mehr	–	–	–	–	–	–	–	–	–
Insgesamt	1.270.887	1.032.111	448.843	100.250	56.490	228.364	654.121	89.581	679.517

* Ohne Unternehmen mit Umsätzen unter 25.000 DM. ** Ohne Mehrwertsteuer. Quelle: Umsatzsteuerstatistik, 1994
- (Punkt) Zur Wahrung des Steuergeheimnisses nicht ausgewiesen.

Fortsetzung Tab. 12

Umsatzgrößenklasse** von ... bis unter ... DM	Nordrhein-Westfalen	Rheinland-Pfalz	Saarland	Sachsen	Sachsen-Anhalt	Schleswig-Holstein	Thüringen	insgesamt
25.000-50.000	3.105	546	203	993	.	218	398	15.561
50.000-100.000	8.105	1.747	516	2.625	1.195	998	1.252	42.630
100.000-250.000	33.166	7.033	1.803	9.423	4.682	5.272	4.170	166.982
250.000-500.000	83.385	18.971	6.371	20.349	12.201	20.161	8.654	425.788
500.000-1 Mio.	168.453	48.979	7.707	29.636	24.765	41.759	21.737	860.091
1 Mio.-2 Mio.	243.136	.	12.277		48.643	42.450	53.772	1.068.703
2 Mio.-5 Mio.	218.432	31.312		30.110	73.910		49.731	1.157.173
5 Mio.-10 Mio.	144.359					.	27.990	761.454
10 Mio.-25 Mio.	165.349	–	–	–	–			841.058
25 Mio.-50 Mio.	262.786	.	–	–	–	98.272	–	724.672
50 Mio.-100 Mio.		–	–	–	–		–	768.425
100 Mio. und mehr	–	–	–	–	–	–	–	
Insgesamt	1.330.277	240.559	58.987	136.936	129.037	258.861	117.973	6.832.793

* Ohne Unternehmen mit Umsätzen unter 25.000 DM. ** Ohne Mehrwertsteuer. Quelle: Umsatzsteuerstatistik, 1994
- (Punkt) Zur Wahrung des Steuergeheimnisses nicht ausgewiesen.

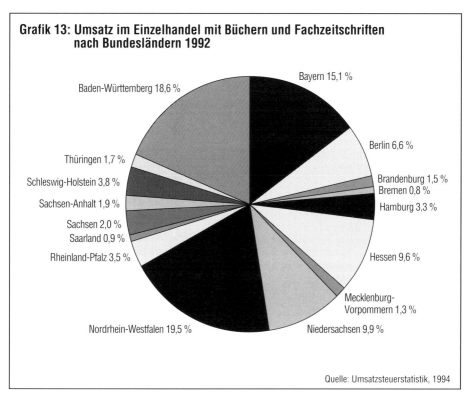

Grafik 13: Umsatz im Einzelhandel mit Büchern und Fachzeitschriften nach Bundesländern 1992

Quelle: Umsatzsteuerstatistik, 1994

Ergebnisse auf der Basis von mehr als 60 Buchhandlungen. Im vierten Jahr in Folge hat sich das Umsatzwachstum verlangsamt. An die Zuwachsraten der Jahre bis 1992 konnte der Sortimentsbuchhandel erneut nicht anknüpfen. Gemessen am gesamten Facheinzelhandel, der im Durchschnitt Umsatzeinbußen von nominell ein Prozent verzeichnete, entwickelte sich der Sortimentsbuchhandel nach wie vor vergleichsweise positiv.

Der Betriebsvergleich des Sortimentsbuchhandels ist ein einzelbetriebswirtschaftliches Informationsinstrument auf freiwilliger Basis. Da die Berechnung der Mittelwerte ungewichtet erfolgt, spiegeln diese Zahlen nur bedingt die Entwicklung des gesamten Sortimentsbuchhandels wider.

Auf der Basis des Jahresbetriebsvergleichs liegen betriebswirtschaftliche Ergebnisse und Zahlen über deren Zustandekommen bisher nur für 1994 vor. Danach ergibt sich folgendes Bild: Mit einem Umsatzplus in Höhe von 2,9 % wuchs der Sortimentsbuchhandel 1994 langsamer als in den neun vorangegangenen Jahren. Gleichwohl verdeutlichen diese Zahlen die vergleichsweise geringe Abhängigkeit des Sortimentsbuchhandels von der allgemeinen wirtschaftlichen Entwicklung. Während der Facheinzelhandel insgesamt mit -1,8 % eine erneut negative Umsatzentwicklung verzeichnete, realisierte der Sortimentsbuchhandel nominell Zuwächse.

Erneut nahm die Kostenbelastung der Buchhandlungen stärker zu als deren Umsatz. Mit +3,6 % stiegen die Kosten 1994 zwar nur mäßig. Dennoch konnte diese Steigerung vom Umsatzzuwachs (2,9 %) nicht vollstän-

Tab. 13: Nominale Umsatzveränderung des Facheinzelhandels in % des jeweiligen Vorjahres 1986-1995

Branche	1986	1987	1988	1989	1990	1991	1992	1993	1994	1995*
Bürowirtschaftlicher Fachhandel	+6,0	+6,4	+8,0	+8,1	+9,8	+9,5	+4,7	-2,3	-1,5	+3
Eisenwaren- und Hausrathandel	+2,5	+2,6	+5,7	+4,6	+7,8	+8,0	+4,6	+0,6	+0,9	-1
Glas-, Porzellan- und Keramikeinzelhandel	+2,1	+4,2	+5,3	+3,6	+7,9	+7,2	+3,5	-0,9	-2,3	-4
Lebensmitteleinzelhandel	+0,1	±0,0	+0,4	+3,0	+3,7	+2,1	+0,8	-1,5	-1,4	+1
Möbeleinzelhandel	+4,9	+8,3	+7,6	+7,9	+7,6	+13,6	+7,6	+5,2	+1,2	-2
Radio- und Fernseheinzelhandel	+7,2	+5,1	+5,1	+4,0	+10,8	+0,2	-1,3	-5,7	-6,0	-2
Schuheinzelhandel	+5,0	+1,0	-1,2	+1,0	+9,4	+4,3	+2,4	+0,9	-2,7	±0
Sortimentsbuchhandel	+5,2	+5,7	+6,7	+5,9	+7,5	+7,9	+5,1	+3,3	+2,9	+2
Sportartikeleinzelhandel	+11,0	+3,0	+0,4	+3,0	+10,0	+10,5	+1,8	+1,2	-1,0	+6
Textileinzelhandel	+3,7	+2,2	+1,8	+1,9	+7,3	+5,7	+1,6	-0,2	-3,6	-4
Uhren-, Juwelen-, Gold- und Silberwareneinzelhandel	+5,8	+6,7	+10,0	+2,7	+8,0	+6,0	+4,3	-1,9	-2,4	-3
Facheinzelhandel insgesamt	+2,7	+2,4	+2,7	+3,6	+6,6	+5,3	+2,4	-0,4	-1,8	-1

* Vorläufige aufgelaufene Ergebnisse des Kölner Monatsbetriebsvergleichs. Quelle: Kölner Betriebsvergleich

dig aufgefangen werden. Für die erhöhte Kostenbelastung war ein Anstieg der Personalkosten maßgeblich verantwortlich. Im vierten Jahr hintereinander waren für die Personalkosten erhöhte Umsatzanteile zu vermelden. Seit 1990 stieg ihr Anteil von 17,4 % auf nunmehr 18,7 % vom Umsatz.

Die Belastung des Firmenumsatzes mit sämtlichen Kosten (ohne Beschaffung) erhöhte sich seit 1990 kontinuierlich von 29,1 % auf 30,5 % im Jahre 1994. Ein Vergleich der Entwicklung von Personalkosten und Gesamtkosten zeigt, daß die stetig steigende Gesamtkostenbelastung ganz über-

Grafik 14: Umsatzentwicklung im Sortimentsbuchhandel und im Facheinzelhandel insgesamt 1986-1995 (Veränderung in % zum Vorjahr)

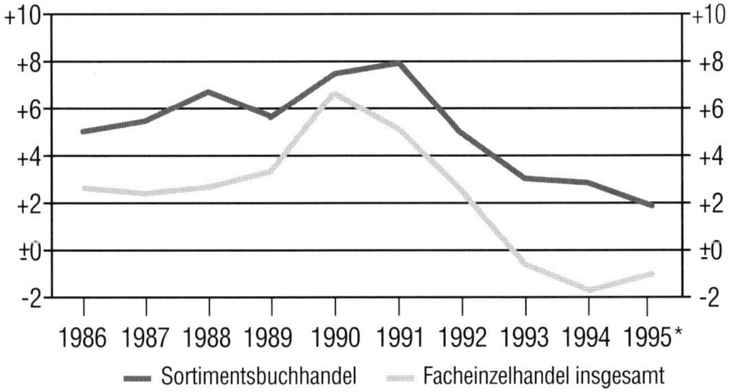

— Sortimentsbuchhandel — Facheinzelhandel insgesamt

*Vorläufige aufgelaufene Ergebnisse des Kölner Monatsbetriebsvergleichs. Quelle: Kölner Betriebsvergleich

wiegend auf die gestiegenen Personalkosten zurückzuführen ist.

Bei einer erneut konstanten Handelsspanne in Höhe von 29,6 % vom Umsatz verschlechterte sich das betriebswirtschaftliche Ergebnis um 0,2 Prozentpunkte auf -0,9 % vom Umsatz. Die Wiederholung der höchsten bislang erzielten relativen Handelsspanne (gemessen am Umsatz) reichte somit nicht aus, um die ertragliche Situation des Sortimentsbuchhandels zu entlasten. So hat sich die negative Differenz zwischen Betriebshandelsspanne und Gesamtkosten 1994 erneut vergrößert.

Wie in den vorangegangenen Jahren realisierten die Buchhandlungen der untersten Beschäftigtengrößenklasse (2-3 Personen) überdurchschnittliche Umsatzzuwächse. Zuwachsraten oberhalb des Durchschnitts verzeichneten daneben die Firmen der Größenklassen 2-3 Beschäftigte und mehr als 50 Beschäftigte. Auch zwischen der Betriebsgröße und dem Betriebsergebnis ist ein Zusammenhang erkennbar. Größere

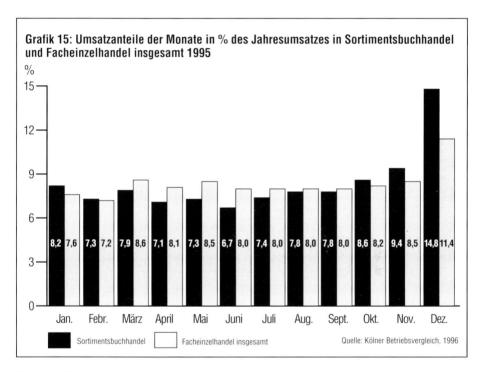

Grafik 15: Umsatzanteile der Monate in % des Jahresumsatzes in Sortimentsbuchhandel und Facheinzelhandel insgesamt 1995

Buchhandlungen wirtschaften tendenziell rentabler als kleinere Unternehmen. Allein die Firmen der Beschäftigtengrößenklasse 11-20 Personen, die das geringste Umsatzwachstum aufwiesen, erzielten im Durchschnitt ein positives Betriebsergebnis (0,7 % vom Umsatz).
Im Vergleich mit anderen Facheinzelhandelsbranchen erzielte der Sortimentsbuchhandel mit einem Umsatz je Quadratmeter Geschäftsraum in Höhe von 9.385 DM erneut eine überdurchschnittliche Flächenleistung. Elf Quadratmeter Geschäftsfläche reichten dem Sortimentsbuchhandel, um einen Umsatz von 100.000 DM zu erzielen. Im gesamten Facheinzelhandel, der eine

Grafik 16: Betriebswirtschaftliches Ergebnis in % vom Umsatz nach Beschäftigtengrößenklassen 1994

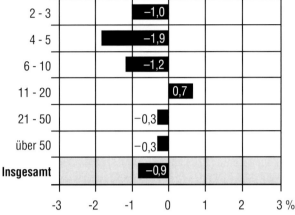

Quelle: Kölner Betriebsvergleich, 1995

Flächenleistung von 5.620 DM pro Quadratmeter Geschäftsraum realisierte, waren dazu 18 Quadratmeter erforderlich.

Der durchschnittliche Umsatz je beschäftigter Person lag 1994 im Sortimentsbuchhandel bei 271.118 DM. Im Vergleich zum Vorjahreswert in Höhe von 263.740 DM hat sich die Personalleistung damit um 2,8 % erhöht. Überdurchschnittliche Umsätze je Beschäftigtem wiesen die Firmen der Betriebsgrößenklassen 2-3 Beschäftigte, über 50 Beschäftigte und 21-50 Beschäftigte auf.

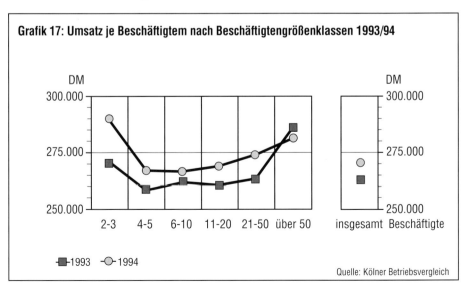

Grafik 17: Umsatz je Beschäftigtem nach Beschäftigtengrößenklassen 1993/94

Quelle: Kölner Betriebsvergleich

36 | Sortimentsbuchhandel   Buch und Buchhandel in Zahlen 1996

Der Blick auf die Umsatzanteile der im Betriebsvergleich erfaßten Warengruppen zeigt: Starke Verschiebungen haben sich im Vergleich zum Vorjahr nicht ergeben. Mit anteilig 14 % vom Gesamtumsatz hat das Taschenbuch seine führende Position im Sortiment behauptet. Seit der erstmaligen getrennten Erfassung der Belletristik im Rahmen des Jahresbetriebsvergleichs im Jahre 1985 ging ihr Anteil kontinuierlich auf nunmehr zehn Prozent zurück.

Die Umsatzanteile der Warengruppen weichen, wie schon in den früheren Jahren in verschiedenen Beschäftigtengrößenklassen (vgl. Tab. 14), teilweise erheblich voneinander ab. So nahm der Anteil natur- und geisteswissenschaftlicher Fachbücher mit steigender Betriebsgröße von 3 % bzw. 8 % in der Größenklasse 2-3 Beschäftigte auf 15 %

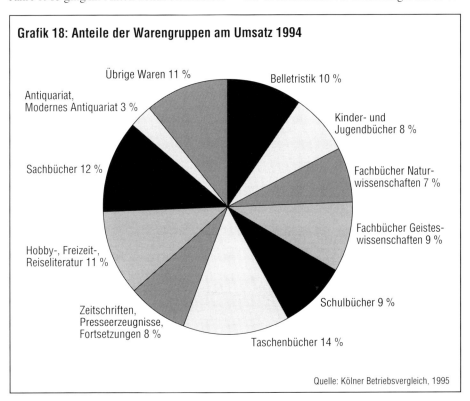

Grafik 18: Anteile der Warengruppen am Umsatz 1994

Quelle: Kölner Betriebsvergleich, 1995

bzw. 19 % bei Firmen mit über 50 Beschäftigten zu. Auch Zeitungen, Zeitschriften und Fortsetzungswerke hatten in größeren Buchhandlungen tendenziell überdurchschnittliche Umsatzanteile. Im Gegensatz dazu waren 1994 mit zunehmender Betriebsgröße geringere Anteile der Warengruppen Belletristik, Kinder- und Jugendliteratur, Schulbuch, Taschenbuch und Sachbuch zu verzeichnen.

Tab. 14: Betriebsvergleichsergebnisse des Sortimentsbuchhandels nach Beschäftigtengrößenklassen 1994

Auswertungspositionen	1	2-3	4-5	6-10	11-20	21-50	über 50	insgesamt
1 Zahl der Berichtsbetriebe	5	44	54	93	75	38	12	321
2 Beschäftigte je Betrieb	1,2	2,7	4,4	7,4	14,3	29,7	81,9	13,2
3 qm Geschäftsraum je Betrieb	*	105	150	240	423	872	2.191	398
4 Anteil Verkaufsraum am Geschäftsraum in %	*	71	71	67	68	70	65	69
5 Umsatz** je Betrieb in 1.000 DM	237	769	1.166	1.961	3.851	8.125	22.976	3.594
6 Umsatzentwicklung (Vorjahr = 100)	*	104	104	103	101	103	105	103
7 Umsatz je Beschäftigtem in DM	208.724	290.983	267.389	265.739	269.587	274.210	282.511	271.118
8 Umsatz je qm Geschäftsraum in DM	*	8.384	8.598	9.346	9.924	10.427	10.722	9.385
9 Umsatz je qm Verkaufsraum in DM	*	11.917	12.774	14.712	14.509	14.856	16.107	13.966
10 Barumsatz je Barverkauf in DM	*	31,60	28,90	29,10	26,40	29,80	33,20	28,90
11 Kreditumsatz je Kreditverkauf in DM	*	214,70	241,90	246,50	210,90	173,70	154,90	219,50
Warengruppenanteile am Warenumsatz in %								
12 Belletristik	*	13	10	11	10	9	8	10
13 Kinder- und Jugendbücher	*	10	10	7	7	5	5	8
14 Fachbücher Naturwissenschaften	*	3	5	5	9	9	15	7
15 Fachbücher Geisteswissenschaften	*	8	12	8	8	13	19	9
16 Schulbücher	*	10	10	10	8	6	6	9
17 Taschenbücher	*	18	12	13	14	13	8	14
18 Zeitschriften, Presseerzeugnisse, Fortsetzungen	*	4	6	7	9	13	12	8
19 Hobby-, Freizeit-, Reise-Literatur	*	10	9	10	12	11	10	11
20 Sachbücher	*	14	12	14	10	7	8	12
21 Antiquariat, Modernes Antiquariat	*	2	2	3	3	4	3	3
22 Übrige Waren	*	8	12	11	12	10	6	11
Absatzwegeanteil am Umsatz in %								
23 Umsatz mit Letztverbrauchern	*	75	76	77	81	77	79	77
24 Umsatz mit gewerblichen und Großverbrauchern	*	21	24	22	19	23	21	22
25 Umsatz mit Wiederverkäufern	*	4	–	1	–	–	–	1
26 Anteil Kreditverkäufe am Umsatz in %	48,6	26,9	30,6	28,9	28,6	23,2	35,2	28,7
27 Anteil Außenstände am Jahresende am Umsatz in %	5,3	1,8	2,3	2,3	2,6	2,7	4,2	2,5

Fortsetzung Tab. 14

Auswertungspositionen	Betriebe mit ... beschäftigten Personen							insgesamt
	1	2-3	4-5	6-10	11-20	21-50	über 50	
28 Lagerumschlagshäufigkeit	*	4,1	4,8	4,4	4,5	4,8	6,1	4,6
29 Lagerbestand*** je Beschäftigtem in DM	*	27.188	25.848	25.071	25.077	25.344	18.635	25.283
30 Lagerbestand*** je qm Geschäftsraum in DM	*	795	797	842	874	961	711	853
31 Lagerendbestand zu Anfangsbestand in %	*	103	102	103	102	104	103	103
32 Beschaffungsentwicklung (Vorjahr = 100)	*	103	104	103	101	102	107	103
33 Anteil Lieferantenskonti am Umsatz in %	*	0,6	0,5	0,5	0,6	0,5	0,5	0,5
Anteil der Bezugswege an der Beschaffung in %								
34 Verlagsbezug	*	63	70	72	76	80	76	72
35 Barsortimentsbezug	*	35	27	25	22	17	15	25
36 Grossistenbezug	*	2	3	3	2	3	9	3
Anteil am Umsatz in %								
37 Personalkosten ohne Unternehmerlohn	3,0	10,0	13,3	15,7	16,9	19,0	18,1	15,0
38 Unternehmerlohn	*	6,3	5,2	3,4	2,3	1,2	0,9	3,7
39 Personalkosten mit Unternehmerlohn	*	16,3	18,5	19,1	19,2	20,2	19,0	18,7
40 Miete oder Mietwert	*	3,6	3,0	3,0	3,1	3,1	3,3	3,1
41 Sachkosten für Geschäftsräume	1,2	0,8	1,0	0,9	0,8	0,9	0,8	0,9
42 Werbekosten	1,1	1,1	1,3	1,1	1,1	1,2	1,5	1,2
43 Gewerbesteuer	–	0,3	0,2	0,2	0,3	0,3	0,4	0,3
44 Kraftfahrzeugkosten	1,3	0,5	0,5	0,4	0,3	0,2	0,2	0,4
45 Zinsen für Fremdkapital	2,2	1,1	0,9	1,0	0,9	0,8	0,8	1,0
46 Zinsen für Eigenkapital	*	0,5	0,3	0,3	0,2	0,3	0,5	0,3
47 Abschreibungen	2,7	1,2	1,3	1,3	1,4	0,9	1,6	1,3
48 Übrige Kosten	*	3,7	3,2	3,4	2,7	3,4	3,4	3,3
49 Gesamtkosten (Zeile 39-48)	*	29,1	30,2	30,7	30,0	31,3	31,5	30,5
50 Betriebshandelsspanne	*	28,1	28,3	29,5	30,7	31,0	31,2	29,6
51 Betriebswirtschaftliches Ergebnis (Zeile 50./.49)	*	-1,0	-1,9	-1,2	0,7	-0,3	-0,3	-0,9
52 Mehrwertsteuer-Inkasso	8,0	7,2	7,2	7,2	7,2	7,0	6,9	7,2

* Positionen mit weniger als 5 Befragten werden nicht ausgewertet.
** Alle Umsatzangaben dieser Tabelle enthalten die Mehrwertsteuer.
*** Zu Bilanzwerten.

Quelle: Kölner Betriebsvergleich, 1995

Tab. 15: Betriebsvergleichsergebnisse des Sortimentsbuchhandels nach Umsatzgrößenklassen 1994

Auswertungspositionen	100.001 - 200.000	200.001 - 500.000	500.001 - 1 Mio.	1 Mio. - 2 Mio.	2 Mio. - 5 Mio.	über 5 Mio.	insgesamt
1 Zahl der Berichtsbetriebe	2	9	54	90	107	59	321
2 Beschäftigte je Betrieb	*	2,0	3,3	5,6	11,8	38,4	13,2
3 qm Geschäftsraum je Betrieb	*	88	113	184	362	1.101	398
4 Anteil Verkaufsraum am Geschäftsraum in %	*	75	70	70	67	68	69
5 Umsatz** je Betrieb in 1.000 DM	*	386	794	1.494	3.123	10.819	3.594
6 Umsatzentwicklung (Vorjahr = 100)	*	104	103	103	102	103	103
7 Umsatz je Beschäftigtem in DM	*	217.420	259.605	274.821	272.331	285.929	271.118
8 Umsatz je qm Geschäftsraum in DM	*	5.559	8.078	9.517	9.552	10.704	9.385
9 Umsatz je qm Verkaufsraum in DM	*	7.793	11.687	14.424	14.574	15.293	13.966
10 Barumsatz je Barverkauf in DM	*	27,70	29,00	30,30	26,60	31,70	28,90
11 Kreditumsatz je Kreditverkauf in DM	*	154,50	227,60	258,20	217,50	175,30	219,50
Warengruppenanteile am Warenumsatz in %							
12 Belletristik	*	16	11	11	10	9	10
13 Kinder- und Jugendbücher	*	17	10	8	7	5	8
14 Fachbücher Naturwissenschaften	*	3	3	5	7	12	7
15 Fachbücher Geisteswissenschaften	*	3	9	11	6	15	9
16 Schulbücher	*	8	9	11	9	5	9
17 Taschenbücher	*	17	16	13	14	11	14
18 Zeitschriften, Presseerzeugnisse, Fortsetzungen	*	4	5	7	8	13	8
19 Hobby-, Freizeit-, Reise-Literatur	*	9	10	9	12	10	11
20 Sachbücher	*	9	15	12	12	7	12
21 Antiquariat, Modernes Antiquariat	*	3	3	2	3	4	3
22 Übrige Waren	*	11	11	11	11	8	11
Absatzwegeanteil am Umsatz in %							
23 Umsatz mit Letztverbrauchern	*	78	74	75	80	77	77
24 Umsatz mit gewerblichen und Großverbrauchern	*	20	22	24	20	23	22
25 Umsatz mit Wiederverkäufern	*	2	4	1	–	–	1
26 Anteil Kreditverkäufe am Umsatz in %	*	31,9	27,3	30,9	27,2	28,5	28,7
27 Anteil Außenstände am Jahresende am Umsatz in %	*	2,7	1,6	2,5	2,2	3,5	2,5

Fortsetzung Tab. 15

Auswertungspositionen		Betriebe mit ... DM Jahresumsatz					
		100.001 - 200.000	200.001 - 500.000	500.001 - 1 Mio.	1 Mio. - 2 Mio.	2 Mio. - 5 Mio.	über 5 Mio.	ins- gesamt
28 Lagerumschlagshäufigkeit	*	6,1	4,1	4,6	4,5	5,1	4,6
29 Lagerbestand*** je Beschäftigtem in DM	*	24.855	25.062	26.831	24.640	24.210	25.283
30 Lagerbestand*** je qm Geschäftsraum in DM	*	731	800	876	832	884	853
31 Lagerendbestand zu Anfangsbestand in %	*	105	103	103	102	104	103
32 Beschaffungsentwicklung (Vorjahr = 100)	*	104	103	103	102	103	103
33 Anteil Lieferantenkonti am Umsatz in %	*	0,6	0,6	0,5	0,6	0,5	0,5
Anteil der Bezugswege an der Beschaffung in %							
34 Verlagsbezug	*	58	65	69	74	79	72
35 Barsortimentsbezug	*	41	32	28	23	17	25
36 Grossistenbezug	*	1	3	3	3	4	3
Anteil am Umsatz in %							
37 Personalkosten ohne Unternehmerlohn	*	6,9	11,3	14,4	16,8	18,0	15,0
38 Unternehmerlohn	*	11,0	6,3	4,1	2,4	1,3	3,7
39 Personalkosten mit Unternehmerlohn	*	17,9	17,6	18,5	19,2	19,3	18,7
40 Miete oder Mietwert	*	3,6	3,2	3,0	3,1	3,1	3,1
41 Sachkosten für Geschäftsräume	*	1,0	1,0	0,8	0,9	0,9	0,9
42 Werbekosten	*	1,5	1,1	1,2	1,1	1,3	1,2
43 Gewerbesteuer	*	0,1	0,3	0,2	0,2	0,4	0,3
44 Kraftfahrzeugkosten	*	1,0	0,5	0,4	0,3	0,2	0,4
45 Zinsen für Fremdkapital	*	0,5	1,0	1,1	1,0	0,8	1,0
46 Zinsen für Eigenkapital	*	0,7	0,5	0,3	0,2	0,3	0,3
47 Abschreibungen	*	2,0	1,3	1,3	1,2	1,2	1,3
48 Übrige Kosten	*	4,7	3,6	3,3	2,9	3,2	3,3
49 Gesamtkosten (Zeile 39-48)	*	33,0	30,1	30,1	30,1	30,7	30,5
50 Betriebshandelsspanne	*	26,1	28,2	28,8	30,4	31,0	29,6
51 Betriebswirtschaftliches Ergebnis (Zeile 50./.49)	*	-6,9	-1,9	-1,3	0,3	0,3	-0,9
52 Mehrwertsteuer-Inkasso	*	7,7	7,2	7,3	7,2	6,9	7,2

* Positionen mit weniger als 5 Befragten werden nicht ausgewertet.
** Alle Umsatzangaben dieser Tabelle enthalten die Mehrwertsteuer.
*** Zu Bilanzwerten.

Quelle: Kölner Betriebsvergleich, 1995

Tab. 16: Betriebsvergleichsergebnisse des Sortimentsbuchhandels nach Personalleistungsklassen 1994

Auswertungspositionen	Betriebe mit einem Umsatz je beschäftigter Person von ... DM		
	unter 243.500	von 243.500 bis 290.000	über 290.000
1 Zahl der Berichtsbetriebe	107	108	106
2 Beschäftigte je Betrieb	13,2	14,1	12,2
3 qm Geschäftsraum je Betrieb	369	428	396
4 Anteil Verkaufsraum am Geschäftsraum in %	68	69	70
5 Umsatz* je Betrieb in 1.000 DM	2.881	3.783	4.122
6 Umsatzentwicklung (Vorjahr = 100)	101	103	104
7 Umsatz je Beschäftigtem in DM	211.525	267.933	334.517
8 Umsatz je qm Geschäftsraum in DM	8.106	9.057	11.012
9 Umsatz je qm Verkaufsraum in DM	12.425	13.569	15.993
10 Barumsatz je Barverkauf in DM	25,20	29,40	31,80
11 Kreditumsatz je Kreditverkauf in DM	211,30	223,80	222,40
Warengruppenanteile am Warenumsatz in %			
12 Belletristik	11	11	10
13 Kinder- und Jugendbücher	8	7	7
14 Fachbücher Naturwissenschaften	5	7	8
15 Fachbücher Geisteswissenschaften	7	10	11
16 Schulbücher	9	8	9
17 Taschenbücher	13	15	13
18 Zeitschriften, Presseerzeugnisse, Fortsetzungen	7	7	10
19 Hobby-, Freizeit-, Reise-Literatur	11	12	9
20 Sachbücher	12	11	12
21 Antiquariat, Modernes Antiquariat	3	3	3
22 Übrige Waren	14	9	9
Absatzwegeanteil am Umsatz in %			
23 Umsatz mit Letztverbrauchern	82	77	70
24 Umsatz mit gewerblichen und Großverbrauchern	17	22	28
25 Umsatz mit Wiederverkäufern	1	1	2
26 Anteil Kreditverkäufe am Umsatz in %	24,2	27,0	35,1
27 Anteil Außenstände am Jahresende am Umsatz in %	2,1	2,5	2,8

Fortsetzung Tab. 16

Auswertungspositionen	Betriebe mit einem Umsatz je beschäftigter Person von ... DM		
	unter 243.500	von 243.500 bis 290.000	über 290.000
28 Lagerumschlagshäufigkeit	4,5	4,3	5,0
29 Lagerbestand** je Beschäftigtem in DM	22.407	25.655	27.786
30 Lagerbestand** je qm Geschäftsraum in DM	843	834	882
31 Lagerendbestand zu Anfangsbestand in %	102	102	104
32 Beschaffungsentwicklung (Vorjahr = 100)	100	103	105
33 Anteil Lieferantenskonti am Umsatz in %	0,6	0,6	0,4
Anteil der Bezugswege an der Beschaffung in %			
34 Verlagsbezug	69	72	74
35 Barsortimentsbezug	28	25	24
36 Grossistenbezug	3	3	2
Anteil am Umsatz in %			
37 Personalkosten ohne Unternehmerlohn	16,2	15,8	13,1
38 Unternehmerlohn	4,8	3,1	3,3
39 Personalkosten mit Unternehmerlohn	21,0	18,9	16,4
40 Miete oder Mietwert	3,2	3,2	3,0
41 Sachkosten für Geschäftsräume	0,9	0,9	0,8
42 Werbekosten	1,2	1,2	1,1
43 Gewerbesteuer	0,2	0,2	0,3
44 Kraftfahrzeugkosten	0,4	0,4	0,4
45 Zinsen für Fremdkapital	1,1	1,0	0,8
46 Zinsen für Eigenkapital	0,4	0,2	0,3
47 Abschreibungen	1,3	1,4	1,1
48 Übrige Kosten	3,5	3,2	3,1
49 Gesamtkosten (Zeile 39-48)	33,2	30,6	27,3
50 Betriebshandelsspanne	30,3	30,3	28,3
51 Betriebswirtschaftliches Ergebnis (Zeile 50./.49)	-2,9	-0,3	1,0
52 Mehrwertsteuer-Inkasso	7,5	7,1	7,0

* Alle Umsatzangaben dieser Tabelle enthalten die Mehrwertsteuer.
** Zu Bilanzwerten.

Quelle: Kölner Betriebsvergleich, 1995

Tab. 17: Betriebsvergleichsergebnisse des Sortimentsbuchhandels nach Raumgrößenklassen 1994

Auswertungspositionen	Betriebe mit ... qm Geschäftsraum						
	bis 75	76 - 150	151 - 300	301 - 600	601 - 1.500	1.501 - 3.000	3.001 - 6.000
1 Zahl der Berichtsbetriebe	15	78	81	81	35	11	2
2 Beschäftigte je Betrieb	2,5	4,2	7,7	13,2	29,9	69,0	*
3 qm Geschäftsraum je Betrieb	58	113	222	417	857	2.074	*
4 Anteil Verkaufsraum am Geschäftsraum in %	80	70	68	67	69	61	*
5 Umsatz** je Betrieb in 1.000 DM	621	1.118	2.054	3.576	8.062	19.414	*
6 Umsatzentwicklung (Vorjahr = 100)	103	103	104	102	102	105	*
7 Umsatz je Beschäftigtem in DM	251.654	270.094	272.261	272.964	267.298	280.974	*
8 Umsatz je qm Geschäftsraum in DM	11.727	10.028	9.208	8.612	9.286	9.070	*
9 Umsatz je qm Verkaufsraum in DM	15.350	15.099	13.777	12.938	13.658	14.742	*
10 Barumsatz je Barverkauf in DM	32,20	30,20	29,70	26,60	27,90	32,20	*
11 Kreditumsatz je Kreditverkauf in DM	187,00	238,40	240,70	216,30	167,80	230,40	*
Warengruppenanteile am Warenumsatz in %							
12 Belletristik	15	12	10	10	8	9	*
13 Kinder- und Jugendbücher	10	9	8	7	5	6	*
14 Fachbücher Naturwissenschaften	3	6	5	7	9	16	*
15 Fachbücher Geisteswissenschaften	12	9	7	9	13	17	*
16 Schulbücher	6	11	9	8	7	4	*
17 Taschenbücher	17	15	13	13	13	9	*
18 Zeitschriften, Presseerzeugnisse, Fortsetzungen	5	6	8	8	10	10	*
19 Hobby-, Freizeit-, Reise-Literatur	10	9	10	12	11	11	*
20 Sachbücher	13	13	13	11	7	6	*
21 Antiquariat, Modernes Antiquariat	2	2	3	3	4	4	*
22 Übrige Waren	7	8	13	11	12	8	*
Absatzwegeanteil am Umsatz in %							
23 Umsatz mit Letztverbrauchern	76	74	78	82	74	81	*
24 Umsatz mit gewerblichen und Großverbrauchern	22	25	20	18	26	19	*
25 Umsatz mit Wiederverkäufern	2	1	2	–	–	–	*
26 Anteil Kreditkäufe am Umsatz in %	44,6	30,2	28,9	27,8	26,4	29,3	*
27 Anteil Außenstände am Jahresende am Umsatz in %	3,8	2,1	2,4	2,4	3,0	4,4	*

Fortsetzung Tab. 17

Auswertungspositionen	Betriebe mit ... qm Geschäftsraum						
	bis 75	76 - 150	151 - 300	301 - 600	601 - 1.500	1.501 - 3.000	3.001 - 6.000
28 Lagerumschlagshäufigkeit	5,6	4,7	4,4	4,2	4,6	5,8	*
29 Lagerbestand*** je Beschäftigtem in DM	25.053	23.630	26.013	26.890	24.609	24.889	*
30 Lagerbestand*** je qm Geschäftsraum in DM	1.235	831	871	822	826	735	*
31 Lagerendbestand zu Anfangsbestand in %	102	102	104	103	103	102	*
32 Beschaffungsentwicklung (Vorjahr = 100)	103	103	104	102	101	108	*
33 Anteil Lieferantenkonti am Umsatz in %	0,6	0,5	0,5	0,6	0,6	0,5	*
Anteil der Bezugswege an der Beschaffung in %							
34 Verlagsbezug	57	67	72	74	80	71	*
35 Barsortimentsbezug	39	30	26	23	18	16	*
36 Grossistenbezug	4	3	2	3	2	13	*
Anteil am Umsatz in %							
37 Personalkosten ohne Unternehmerlohn	9,2	12,5	15,2	16,8	18,3	18,0	*
38 Unternehmerlohn	7,5	5,5	3,7	2,3	1,3	0,7	*
39 Personalkosten mit Unternehmerlohn	16,7	18,0	18,9	19,1	19,6	18,7	*
40 Miete oder Mietwert	3,1	3,0	3,0	3,2	3,2	3,4	*
41 Sachkosten für Geschäftsräume	0,7	0,9	1,0	0,8	1,0	0,9	*
42 Werbekosten	1,4	1,1	1,1	1,1	1,3	1,5	*
43 Gewerbesteuer	0,2	0,3	0,2	0,3	0,3	0,5	*
44 Kraftfahrzeugkosten	0,8	0,4	0,4	0,3	0,2	0,2	*
45 Zinsen für Fremdkapital	1,0	0,9	0,9	0,9	1,0	0,8	*
46 Zinsen für Eigenkapital	0,4	0,4	0,3	0,2	0,3	0,5	*
47 Abschreibungen	1,1	1,2	1,3	1,3	1,3	1,3	*
48 Übrige Kosten	4,2	3,4	3,2	2,9	3,2	3,0	*
49 Gesamtkosten (Zeile 39-48)	29,6	29,6	30,3	30,1	31,4	30,8	*
50 Betriebshandelsspanne	27,6	28,3	29,0	30,9	31,1	30,9	*
51 Betriebswirtschaftliches Ergebnis (Zeile 50./.49)	-2,0	-1,3	-1,3	0,8	-0,3	0,1	*
52 Mehrwertsteuer-Inkasso	7,1	7,1	7,2	7,2	7,1	7,1	*

* Positionen mit weniger als 5 Befragten werden nicht ausgewertet.
** Alle Umsatzangaben dieser Tabelle enthalten die Mehrwertsteuer.
*** Zu Bilanzwerten.

Quelle: Kölner Betriebsvergleich, 1995

Buch und Buchhandel in Zahlen 1996 — Sortimentsbuchhandel

Tab. 18: Betriebsvergleichsergebnisse des Sortimentsbuchhandels nach Ortsgrößenklassen 1994

Auswertungspositionen	Betriebe in Orten mit ... Einwohnern					
	bis 10.000	10.001-20.000	20.001-50.000	50.001-100.000	100.001-300.000	über 300.000
1 Zahl der Berichtsbetriebe	20	29	71	44	67	60
2 Beschäftigte je Betrieb	5,0	5,4	8,8	13,1	16,8	21,5
3 qm Geschäftsraum je Betrieb	182	198	279	418	457	611
4 Anteil Verkaufsraum am Geschäftsraum in %	63	69	72	71	69	64
5 Umsatz* je Betrieb in 1.000 DM	1.201	1.346	2.248	3.615	4.533	6.263
6 Umsatzentwicklung (Vorjahr = 100)	104	107	103	103	103	102
7 Umsatz je Beschäftigtem in DM	258.707	261.992	264.372	279.837	272.102	282.765
8 Umsatz je qm Geschäftsraum in DM	7.508	7.797	8.892	9.370	10.140	10.435
9 Umsatz je qm Verkaufsraum in DM	12.736	11.618	12.538	13.357	15.412	16.306
10 Barumsatz je Barverkauf in DM	22,70	28,30	25,10	29,20	31,10	33,00
11 Kreditumsatz je Kreditverkauf in DM	221,90	276,60	242,40	205,50	200,90	196,90
Warengruppenanteile am Warenumsatz in %						
12 Belletristik	12	12	11	11	8	10
13 Kinder- und Jugendbücher	9	10	8	8	8	5
14 Fachbücher Naturwissenschaften	2	3	3	7	8	12
15 Fachbücher Geisteswissenschaften	2	8	4	8	15	13
16 Schulbücher	13	10	12	7	9	4
17 Taschenbücher	13	15	16	15	11	13
18 Zeitschriften, Presseerzeugnisse, Fortsetzungen	7	4	6	7	8	13
19 Hobby-, Freizeit-, Reise-Literatur	12	12	13	12	8	8
20 Sachbücher	10	13	13	12	11	11
21 Antiquariat, Modernes Antiquariat	3	2	3	3	3	4
22 Übrige Waren	17	11	11	10	11	8
Absatzwegeanteil am Umsatz in %						
23 Umsatz mit Letztverbrauchern	81	78	81	81	75	71
24 Umsatz mit gewerblichen und Großverbrauchern	18	21	18	18	24	27
25 Umsatz mit Wiederverkäufern	1	1	1	1	1	2
26 Anteil Kreditverkäufe am Umsatz in %	24,5	22,3	24,3	25,4	34,9	37,6
27 Anteil Außenstände am Jahresende am Umsatz in %	2,1	1,5	2,0	2,0	3,1	3,7

Fortsetzung Tab. 18

	Betriebe in Orten mit ... Einwohnern					
Auswertungspositionen	bis 10.000	10.001-20.000	20.001-50.000	50.001-100.000	100.001-300.000	über 300.000
28 Lagerumschlagshäufigkeit	3,8	4,0	4,7	4,9	4,4	4,7
29 Lagerbestand** je Beschäftigtem in DM	27.904	27.155	24.381	24.541	25.938	25.278
30 Lagerbestand** je qm Geschäftsraum in DM	872	752	823	766	909	964
31 Lagerendbestand zu Anfangsbestand in %	107	104	104	100	103	101
32 Beschaffungsentwicklung (Vorjahr = 100)	106	105	103	102	103	102
33 Anteil Lieferantenkonti am Umsatz in %	0,7	0,7	0,6	0,5	0,5	0,4
Anteil der Bezugswege an der Beschaffung in %						
34 Verlagsbezug	64	67	69	72	77	74
35 Barsortimentsbezug	29	31	27	27	22	22
36 Grossistenbezug	7	2	4	1	1	4
Anteil am Umsatz in %						
37 Personalkosten ohne Unternehmerlohn	12,0	12,0	15,0	15,1	16,5	16,2
38 Unternehmerlohn	6,5	5,9	3,9	3,4	2,4	2,7
39 Personalkosten mit Unternehmerlohn	18,5	17,9	18,9	18,5	18,9	18,9
40 Miete oder Mietwert	3,0	2,8	3,0	3,4	3,2	3,1
41 Sachkosten für Geschäftsräume	0,8	1,0	0,8	0,7	1,0	0,9
42 Werbekosten	1,3	1,0	1,3	1,1	1,2	1,1
43 Gewerbesteuer	0,2	0,3	0,3	0,4	0,2	0,2
44 Kraftfahrzeugkosten	0,6	0,5	0,4	0,3	0,3	0,3
45 Zinsen für Fremdkapital	1,7	1,0	1,1	0,8	0,8	0,8
46 Zinsen für Eigenkapital	0,2	0,8	0,3	0,2	0,2	0,3
47 Abschreibungen	1,7	1,2	1,3	1,3	1,1	1,2
48 Übrige Kosten	2,9	3,2	3,0	3,1	3,4	3,8
49 Gesamtkosten (Zeile 39-48)	30,9	29,7	30,4	29,8	30,3	30,6
50 Betriebshandelsspanne	28,1	29,6	30,3	30,3	29,0	29,4
51 Betriebswirtschaftliches Ergebnis (Zeile 50./.49)	-2,8	-0,1	-0,1	0,5	-1,3	-1,2
52 Mehrwertsteuer-Inkasso	7,9	7,4	7,5	7,0	7,0	6,8

* Alle Umsatzangaben dieser Tabelle enthalten die Mehrwertsteuer.
** Zu Bilanzwerten.

Quelle: Kölner Betriebsvergleich, 1995

Tab. 19: Betriebsvergleichsergebnisse des Sortimentsbuchhandels nach Geschäftslagen 1994

Auswertungspositionen	Betriebe in ...							
	Städten mit ausgebildeten Vororten					Orten ohne Vorortbildung		
	Innenstadt			Vorort oder Außenbezirk				Orte ohne Verkehrsunterschiede
	Hauptverkehrslage	Mittlere Verkehrslage	Ruhige Verkehrslage	Hauptverkehrslage	Nebenverkehrslage	Hauptverkehrslage	Nebenverkehrslage	
1 Zahl der Berichtsbetriebe**	66	69	27	21	13	63	24	5
2 Beschäftigte je Betrieb	20,3	18,0	8,1	13,9	4,4	8,0	5,4	2,9
3 qm Geschäftsraum je Betrieb	549	528	273	432	181	253	196	124
4 Anteil Verkaufsraum am Geschäftsraum in %	70	68	71	64	59	71	69	61
5 Umsatz*** je Betrieb in 1.000 DM	5.538	4.905	2.433	4.382	1.312	1.966	1.376	861
6 Umsatzentwicklung (Vorjahr = 100)	102	103	104	105	99	104	107	106
7 Umsatz je Beschäftigtem in DM	273.868	277.741	277.333	266.904	296.602	254.035	274.126	304.783
8 Umsatz je qm Geschäftsraum in DM	10.467	9.689	8.522	10.454	8.401	8.541	8.215	6.936
9 Umsatz je qm Verkaufsraum in DM	14.904	14.592	12.388	16.772	15.292	12.393	12.043	12.167
10 Barumsatz je Barverkauf in DM	27,90	31,50	34,20	29,90	38,70	23,60	29,90	25,30
11 Kreditumsatz je Kreditverkauf in DM	199,90	211,70	213,50	245,90	173,70	245,40	245,30	221,80
Warengruppenanteile am Warenumsatz in %								
12 Belletristik	10	9	8	16	9	12	12	9
13 Kinder- und Jugendbücher	7	7	7	5	7	9	9	11
14 Fachbücher Naturwissenschaften	7	9	7	11	10	3	2	5
15 Fachbücher Geisteswissenschaften	8	13	14	7	17	6	5	3
16 Schulbücher	8	7	12	5	10	10	12	20
17 Taschenbücher	14	12	8	18	13	14	18	16
18 Zeitschriften, Presseerzeugnisse, Fortsetzungen	10	10	10	5	9	5	4	4
19 Hobby-, Freizeit-, Reise-Literatur	13	9	6	10	7	13	12	10
20 Sachbücher	12	12	13	12	6	12	13	10
21 Antiquariat, Modernes Antiquariat	4	4	2	2	1	3	2	2
22 Übrige Waren	9	9	14	8	12	14	10	10
Absatzwegeanteil am Umsatz in %								
23 Umsatz mit Letztverbrauchern	82	75	66	74	75	84	77	*
24 Umsatz mit gewerblichen und Großverbrauchern	18	25	30	25	22	16	21	*
25 Umsatz mit Wiederverkäufern	–	–	4	1	3	–	2	*
26 Anteil Kreditverkäufe am Umsatz in %	23,1	36,2	41,8	33,7	37,6	21,2	26,4	31,7
27 Anteil Außenstände am Jahresende am Umsatz in %	2,3	2,9	3,7	3,4	3,1	1,6	2,5	2,0

Fortsetzung Tab. 19

	Betriebe in ...							
	Städten mit ausgebildeten Vororten					Orten ohne Vorortbildung		
	Innenstadt			Vorort oder Außenbezirk				Orte ohne
Auswertungspositionen	Haupt-verkehrs-lage	Mittlere Verkehrs-lage	Ruhige Verkehrs-lage	Haupt-verkehrs-lage	Neben-verkehrs-lage	Haupt-verkehrs-lage	Neben-verkehrs-lage	Verkehrs-unter-schiede
28 Lagerumschlagshäufigkeit	4,7	4,9	4,2	5,4	3,8	4,2	4,1	5,1
29 Lagerbestand**** je Beschäftigtem in DM	24.391	24.155	27.129	21.896	32.565	25.003	28.904	*
30 Lagerbest.**** je qm Geschäftsraum in DM	876	827	848	843	909	835	868	*
31 Lagerendbestand zu Anfangsbestand in %	104	101	105	100	97	104	101	114
32 Beschaffungsentwicklung (Vorjahr = 100)	102	103	104	104	99	104	105	110
33 Anteil Lieferantenskonti am Umsatz in %	0,5	0,4	0,6	0,6	0,4	0,6	0,7	*
Anteil der Bezugswege an der Beschaffung in %								
34 Verlagsbezug	76	73	75	75	62	70	60	63
35 Barsortimentsbezug	22	23	23	23	35	27	37	29
36 Grossistenbezug	2	4	2	2	3	3	3	8
Anteil am Umsatz in %								
37 Personalkosten ohne Unternehmerlohn	16,9	15,1	16,8	15,8	14,5	14,0	11,6	8,5
38 Unternehmerlohn	2,0	3,4	2,8	3,0	3,2	5,0	5,8	6,5
39 Personalkosten mit Unternehmerlohn	18,9	18,5	19,6	18,8	17,7	19,0	17,4	15,0
40 Miete oder Mietwert	3,5	3,2	2,8	2,8	2,8	3,1	2,6	2,7
41 Sachkosten für Geschäftsräume	0,8	1,0	0,9	0,8	0,9	0,9	0,7	0,8
42 Werbekosten	1,1	1,1	1,1	1,4	1,1	1,2	1,3	1,3
43 Gewerbesteuer	0,3	0,2	0,3	0,2	0,3	0,3	0,3	0,1
44 Kraftfahrzeugkosten	0,3	0,3	0,3	0,5	0,6	0,4	0,6	0,9
45 Zinsen für Fremdkapital	0,8	0,8	0,8	0,8	0,7	1,2	1,5	1,6
46 Zinsen für Eigenkapital	0,2	0,3	0,3	0,3	0,7	0,4	0,4	0,4
47 Abschreibungen	1,4	1,1	1,2	1,0	1,3	1,4	1,2	1,5
48 Übrige Kosten	3,2	3,3	3,8	3,9	3,6	3,1	2,9	*
49 Gesamtkosten (Zeile 39-48)	30,5	29,8	31,1	30,5	29,7	31,0	28,9	*
50 Betriebshandelsspanne	31,1	28,4	29,1	30,7	29,0	29,8	29,7	24,7
51 Betriebswirtschaftliches Ergebnis (Zeile 50./.49)	0,6	-1,4	-2,0	0,2	-0,7	-1,2	0,8	*
52 Mehrwertsteuer-Inkasso	7,0	6,9	7,3	7,1	7,1	7,5	7,6	7,3

* Positionen mit weniger als 5 Befragten werden nicht ausgewertet.
** Die Summe der ausgewiesenen Berichtsbetriebe beträgt 290. Die zur Gesamtsumme fehlenden zwei Betriebe entfallen auf die Rubrik „abgeschlossene städtische Randsiedlung", die aufgrund der geringen Zahl der Betriebe nicht ausgewertet wurde.
*** Alle Umsatzangaben dieser Tabelle enthalten die Mehrwertsteuer.
**** Zu Bilanzwerten.

Quelle: Kölner Betriebsvergleich, 1995

5.3. Bahnhofsbuchhandel

Im Jahr 1995 erzielte der Bahnhofsbuchhandel einen Umsatz in Höhe von 692 Millionen DM. Erstmals beinhalten die Zahlen der Deutschen Bahn auch den Bahnhofsbuchhandel im neuen Bundesgebiet. Hier realisierten 94 Betriebe ein Umsatzvolumen von 74 Millionen DM.

Mit insgesamt 159 Beschäftigten und 6.417 Quadratmeter Geschäftsraum fiel die durchschnittliche Geschäftsgröße im ostdeutschen Bahnhofsbuchhandel deutlich kleiner aus als im alten Bundesgebiet.

1,7 beschäftigte Personen und 68,3 Quadratmeter Geschäftsraum je Betrieb verdeutlichen die bestehenden Unterschiede bezüglich der Strukturen. Je Betrieb meldet die Deutsche Bahn für den ostdeutschen Bahnhofsbuchhandel einen Umsatz in Höhe von 787.234 DM.

Im alten Bundesgebiet hat die Anzahl der Bahnhofsbuchhandelsbetriebe von 352 im Jahr 1994 auf 342 abgenommen. 618 Millionen DM Umsatz bedeuteten einen Zuwachs im Vergleich zum Vorjahr von 4,7 %.

Tab. 20: Betriebe, Beschäftigte, Geschäftsraum und Umsätze im Bahnhofsbuchhandel 1986-1995

Jahr	Betriebe*	Beschäftigte	Beschäftigte je Betrieb	qm Geschäftsraum	qm Geschäftsraum je Betrieb	Umsatz** (in Mio. DM)	Umsatz je Betrieb** (in 1.000 DM)
1986	316	2.147	6,8	22.734	71,9	378	1.196
1987	310	1.849	6,0	23.474	75,7	401	1.294
1988	304	1.842	6,1	24.444	80,4	397	1.306
1989	333	1.669	5,0	24.163	72,6	419	1.258
1990	337	1.683	5,0	27.323	81,1	465	1.380
1991	336	1.695	5,0	28.810	85,7	490	1.458
1992	326	1.589	4,9	29.783	91,4	509	1.561
1993	334	1.542	4,6	30.918	92,6	538	1.611
1994	352	1.537	4,4	32.454	92,2	590	1.676
1995***	436	1.707	3,9	39.077	89,6	692	1.587

* Mehrere Verkaufsstellen im gleichen Bahnhof sind nur einfach gezählt.
** Ohne Mehrwertsteuer.
*** Inkl. neue Bundesländer.
Quelle: Deutsche Bahn AG, 1996

Der Betriebsvergleich des Bahnhofsbuchhandels für die alten Bundesländer gewährt Einblick in die Kosten- und Ertragssituation der teilnehmenden Betriebe. Die erfaßten 14 Unternehmen vereinigten 14 % aller 1994 in Westdeutschland im Bahnhofsbuchhandel realisierten Umsätze auf sich. Aufgrund der veränderten Teilnehmerstruktur müssen diese Ergebnisse vorsichtig interpretiert werden. Wie bereits im Vorjahr erreichten die Betriebsvergleichsteilnehmer 1994 ein Umsatzwachstum um 7 %. Seit 1989 entwickelt sich der Lagerumschlag der Betriebsvergleichsteilnehmer kontinuierlich rückläufig. Von 9,3mal sank die Lagerdrehzahl auf 5,7mal im Jahre 1994. Nach wie vor entfielen auf die Personalkosten (inkl. Unternehmerlöhne) mit einem Anteil in Höhe von 18,2 % mehr als die Hälfte der Gesamtkosten. Pacht (10,3 % vom Umsatz) und Personalkosten vereinten zusammen 85 % der gesamten Kostenbelastung auf sich. Um 0,4 Prozentpunkte verminderte „Übrige Kosten" (1,8 % vom Umsatz) trugen maßgeblich zu einer redu-

Tab. 21: Betriebsvergleichsergebnisse des Bahnhofsbuchhandels in den Jahren 1987-1994

Auswertungspositionen	1987	1988	1989	1990	1991	1992	1993	1994
1 Zahl der Berichtsbetriebe	22	28	26	25	23	21	21	14
2 Beschäftigte je Betrieb	26,8	28,6	30,3	32,5	35,8	38,6	32,3	26,3
3 qm Geschäftsraum je Betrieb	299	350	390	400	447	501	436	401
4 Umsatz* je Betrieb in 1.000 DM	4.768	5.410	6.459	7.332	8.336	9.488	7.630	6.079
5 Umsatzentwicklung (Vorjahr=100)	102	102	105	108	110	106	107	107
6 Umsatz je Beschäftigtem in DM	181.000	184.100	208.100	215.400	224.300	241.000	234.800	239.600
7 Umsatz je Personalarbeitsstunde in DM	94,00	96,00	102,00	102,00	110,00	113,00	115,00	114,00
8 Umsatz je qm Geschäftsraum in DM	17.200	15.700	16.100	17.300	17.300	17.600	16.700	16.400
Warengruppenanteile am Warenumsatz in %								
9 Bücher, Kursbücher, Taschenbücher, kartographische Erzeugnisse, Romanhefte	22	21	20	21	23	23	23	21
10 Deutschsprachige Zeitungen und Zeitschriften	66	63	66	65	64	62	64	69
11 Fremdsprachige Verlagserzeugnisse	8	9	8	8	8	9	9	6
12 Sonstige Waren	4	7	6	6	5	6	4	4
13 Lagerumschlagshäufigkeit	9,6	8,8	9,3	9,2	8,6	6,5	5,9	5,7
14 Beschaffungsentwicklung (Vorjahr=100)	103	102	106	109	110	106	107	108
15 Anteil Lieferantenkonti am Umsatz in %	0,1	0,1	0,1	0,1	0,1	0,2	0,1	0,1
Anteil am Umsatz in %								
16 Personalkosten ohne Unternehmerlohn	16,8	16,8	16,5	16,2	16,3	16,8	16,2	16,7
17 Unternehmerlohn	2,2	2,3	2,1	2,2	2,0	1,6	1,9	1,5
18 Personalkosten mit Unternehmerlohn	19,0	19,1	18,6	18,4	18,3	18,4	18,1	18,2
19 Miete oder Mietwert für Geschäftsräume außerhalb des Bahngeländes	0,1	0,1	0,1	0,1	0,1	0,1	0,1	0,1
20 Pacht	10,9	10,6	10,4	10,0	10,5	10,7	10,5	10,3
21 Sachkosten für Geschäftsräume	0,6	0,7	0,6	0,7	0,8	0,8	0,8	0,7
22 Werbekosten	0,2	0,3	0,2	0,2	0,2	0,2	0,2	0,2
23 Gewerbesteuer	0,3	0,3	0,4	0,4	0,5	0,4	0,4	0,4
24 Kraftfahrzeugkosten	0,3	0,3	0,3	0,2	0,2	0,2	0,3	0,2
25 Zinsen für Fremdkapital	0,3	0,3	0,4	0,4	0,3	0,3	0,3	0,4
26 Zinsen für Eigenkapital	0,2	0,2	0,1	0,2	0,2	0,2	0,2	0,2
27 Abschreibungen	0,9	1,1	1,1	1,2	1,2	1,1	1,0	1,0
28 Übrige Kosten	1,9	2,1	2,0	2,0	2,0	2,0	2,2	1,8
29 Gesamtkosten (Zeile 18-28)	34,7	35,1	34,2	33,8	34,3	34,4	34,1	33,5
30 Betriebshandelsspanne	35,6	35,0	34,8	35,1	35,6	36,0	35,9	35,1
31 Betriebswirtschaftliches Ergebnis (Zeile 30./.29)	0,9	-0,1	0,6	1,3	1,3	1,6	1,8	1,6
32 Mehrwertsteuer-Inkasso	6,8	6,9	6,9	7,0	6,9	6,9	7,0	7,1

* Alle Umsatzangaben dieser Tabelle enthalten die Mehrwertsteuer.   Quelle: Kölner Betriebsvergleich

zierten Gesamtkostenbelastung bei. Einem Anteil der Kosten am Umsatz in Höhe von 34,1 % im Jahr 1993 stand im Folgejahr ein um 0,6 Prozentpunkte verminderter Anteil von 33,5 % gegenüber. Gleichzeitig ging die Handelsspanne von 35,9 % auf 35,1 % vom Umsatz zurück. Bezüglich des Betriebsergebnisses konnte der Vorjahreswert von 1,8 % vom Umsatz deshalb nicht ganz erreicht werden. Mit einem Umsatzanteil von 1,6 % entsprach das Betriebsergebnis dem Wert aus dem Jahr 1992.

6. BUCHPRODUKTION

6.1. Inländische Buchproduktion

Der deutsche Buchmarkt verzeichnete 1995 insgesamt 74.174 Neuerscheinungen*, davon 53.359 Erstauflagen und 20.815 Neuauflagen. Damit wurde 1995 die höchste bisher verzeichnete Jahrestitelproduktion ermittelt. Gemessen am Vorjahreswert ergab sich ein Zuwachs in Höhe von 5,0 % zum Vorjahr.

Die Neuauflagen hatten 1995 einen Anteil von 28 % an der Jahrestitelproduktion. Damit wurde der bisherige Höchststand aus dem Jahre 1991 wieder erreicht. Der Titelzuwachs insgesamt ist demnach vor allem auf den deutlichen Anstieg der Neuauflagen zurückzuführen. Mit +1,1 % fiel der Zuwachs bei den Erstauflagen geringer aus. Diese Entwicklung war auch beim Taschenbuch zu verzeichnen. Hier erreichten die Neuauflagen mit einem Anteil von 52 % wieder den Wert von 1993.

Im neuen Bundesgebiet wurden 1995 insgesamt 2.104 Titel veröffentlicht. Das sind 12,7 % weniger als im Vorjahr. Gemessen an der Titelproduktion im gesamten Bundesgebiet entfällt auf Ostdeutschland ein Anteil in Höhe von 2,8 %. Das Gebiet Sachsen, Sachsen-Anhalt und Thüringen vereinigte mit 1.219 Titeln 57,9 % aller Neuerscheinungen aus den neuen Bundesländern auf sich. Weitere 764 Neuerscheinungen entfielen auf Ost-Berlin. Das entspricht einem Anteil in Höhe von 36,3 % an allen Neuerscheinungen im neuen Bundesgebiet. Hinter Ost-Berlin war Leipzig mit 542 Neuerscheinungen erneut der titelstärkste Ort im neuen Bundesgebiet. Dresden (91 Neuerscheinungen) und Schwerin (85 Neuerscheinungen) wiesen die nächsthöchste Titelproduktion auf.

Wie in den vorangegangenen Jahren war 1995 München die Stadt mit der bundesweit höchsten Titelproduktion (14.534 Titel). Frankfurt am Main (6.825 Titel), Stuttgart (6.764 Titel) und Berlin (6.471 Titel) waren die Städte mit den nächsthöchsten Titelzahlen. In allen vier Städten erschienen zusammen 47 % aller Neuerscheinungen in Deutschland.

Nach wie vor war die Sachgruppe „Belletristik" mit insgesamt 10.526 Neuerscheinungen und einem Anteil in Höhe von 14,2 % an allen 1995 auf den Markt gebrachten Titeln die mit Abstand titelstärkste Kategorie. Anteilszuwächse verzeichneten die Sachgruppen „Kinder- und Jugendliteratur" (7,0 % Anteil), „Recht" (6,2 %) und „Medizin" (5,7 %), die hinter der Belletristik die titelstärksten Gruppen waren. Auch die Sachgruppe „Wirtschaft" (5,1 %) hielt einen

Tab. 22: Titelproduktion 1986-1995

Jahr*	Titel insgesamt	Erstauflage	Neuauflage	Erstauflage: Neuauflage
1986	63.679	50.219	13.460	79:21
1987	65.680	48.366	17.314	74:26
1988	68.611	50.786	17.825	74:26
1989	65.980	48.370	17.610	73:27
1990	61.015	44.779	16.236	73:27
1991	67.890	48.879	19.011	72:28
1992	67.277	48.836	18.441	73:27
1993	67.206	49.096	18.110	73:27
1994	70.643	52.767	17.876	75:25
1995	74.174	53.359	20.815	72:28

* Seit 1991 inkl. neue Bundesländer.   Quelle: Wöchentliches Verzeichnis der Deutschen Nationalbibliographie; Berechnungen: Börsenverein des Deutschen Buchhandels e.V.

---

* Die auf der Grundlage des Wöchentlichen Verzeichnisses der Deutschen Nationalbibliographie ermittelten Zahlen zur Titelproduktion sind nicht mit den von der Deutschen Bibliothek als Zugänge gemeldeten Angaben identisch. Eingang in die Statistik zur Titelproduktion finden nur Neuerscheinungen, die von Firmen mit Eintrag im Handelsregister herausgegeben wurden. Die Zugänge der Deutschen Bibliothek beinhalten zusätzlich deutschsprachige Publikationen, die in Firmen mit Sitz im Ausland erschienen sind.

Anteil in Höhe von mehr als fünf Prozent. Hier ergab sich ein Anteilsrückgang um 0,3 Prozentpunkte.

16,4 % aller Neuerscheinungen waren 1995 Taschenbücher. Damit hat sich der Anteil dieser Buchgattung gegenüber dem Vorjahr (15,8 %) um 0,8 Prozentpunkte erhöht. Die Anzahl der neuen Taschenbücher stieg 1995 um 8,8 %. 47,4 % aller Taschenbuchtitel entfielen auf die Sachgruppe „Belletristik". Mit 8,0 % verzeichnete die Kinder- und Jugendliteratur den zweithöchsten Anteil an der Taschenbuchproduktion.

Traditionell weist die Belletristik den höchsten Taschenbuchanteil aller Sachgruppen auf. Mehr als die Hälfte (54,6 %) aller Neuerscheinungen dieser Sachgruppe erschien 1995 in dieser Form. Folgende Sachgruppen mit mindestens 500 Neuerscheinungen insgesamt verzeichneten Taschenbuchanteile von über 20 %: „Grenzgebiete der Wissenschaft und Esoterik" (30,1 %), „Psychologie" (28,2 %), „Theater, Tanz, Film" (26,2 %), „Philosophie" (23,4 %), „Basteln, Handarbeit, Heimwerken" (21,2 %) und „Deutsche Sprach- und Literaturwissenschaft" (20,0 %).

Unter den Sachgruppen mit mindestens 500 Neuerscheinungen insgesamt verzeichneten folgende Bereiche deutlich gestiegene Taschenbuchanteile: „Grenzgebiete der Wissenschaft und Esoterik" (+5,0 Prozentpunkte), „Musik" (+3,8 Prozentpunkte), „Belletristik" (+2,8 Prozentpunkte), „Deutsche Sprach- und Literaturwissenschaft" (+2,7 Prozentpunkte) sowie „Schulbücher" (+2,0 Prozentpunkte)

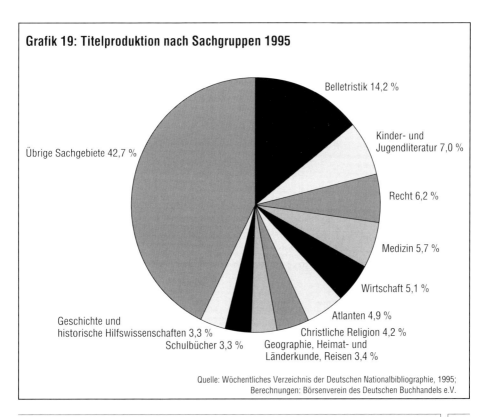

Grafik 19: Titelproduktion nach Sachgruppen 1995

Belletristik 14,2 %
Kinder- und Jugendliteratur 7,0 %
Recht 6,2 %
Medizin 5,7 %
Wirtschaft 5,1 %
Atlanten 4,9 %
Christliche Religion 4,2 %
Geographie, Heimat- und Länderkunde, Reisen 3,4 %
Schulbücher 3,3 %
Geschichte und historische Hilfswissenschaften 3,3 %
Übrige Sachgebiete 42,7 %

Quelle: Wöchentliches Verzeichnis der Deutschen Nationalbibliographie, 1995; Berechnungen: Börsenverein des Deutschen Buchhandels e.V.

Tab. 23: Titelproduktion nach Sachgruppen 1995

Sachgruppe	Erstauflage	Neuauflage	insgesamt	Anteil an insgesamt in %
DK 0: Allgemeines	**4.591**	**2.400**	**6.991**	**9,4**
1 Wissenschaft und Kultur allgemein	259	84	343	0,5
2 Schrift, Buch, Bibliothek, Information und Dokumentation	196	72	268	0,4
3 Nachschlagewerke, Bibliographien	163	58	221	0,3
4 Adreßbücher, Telefonbücher	34	22	56	0,1
5 Kalender	4	–	4	0,0
6 Publizistik	254	20	274	0,4
7 Kinder- und Jugendliteratur	3.114	2.054	5.168	7,0
8 Comics, Cartoons, Karikaturen	567	90	657	0,9
DK 1: Philosophie, Psychologie	**2.508**	**1.353**	**3.861**	**5,2**
9 Grenzgebiete der Wissenschaft und Esoterik	404	301	705	1,0
10 Philosophie	895	266	1.161	1,6
11 Psychologie	1.209	786	1.995	2,7
DK 2: Religion, Theologie	**2.609**	**1.028**	**3.637**	**4,9**
12 Christliche Religion	2.255	888	3.143	4,2
13 Allgemeine und vergleichende Religionswissenschaft, nichtchristliche Religionen	354	140	494	0,7
DK 3: Sozialwissenschaften	**12.508**	**3.878**	**16.386**	**22,1**
14 Soziologie, Gesellschaft	873	233	1.106	1,5
15 Statistik	18	6	24	0,0
16 Politik	603	91	694	0,9
17 Wirtschaft	3.016	798	3.814	5,1
18 Arbeit	291	67	358	0,5
19 Recht	3.427	1.151	4.578	6,2
20 Öffentliche Verwaltung	101	24	125	0,2
21 Militär	267	82	349	0,5
22 Erziehung, Bildung, Unterricht	1.277	491	1.768	2,4
23 Schulbücher	2.029	454	2.483	3,3
24 Berufsschulbücher	482	445	927	1,2
25 Volkskunde, Völkerkunde	124	36	160	0,2
DK 5: Mathematik, Naturwissenschaften	**3.409**	**624**	**4.033**	**5,4**
26 Natur, Naturwissenschaften allgemein	39	7	46	0,1
27 Mathematik	327	107	434	0,6
28 Informatik, Datenverarbeitung	1.204	192	1.396	1,9
29 Physik, Astronomie	462	97	559	0,8
30 Chemie	345	38	383	0,5
31 Geowissenschaften	349	65	414	0,6
32 Biologie	683	118	801	1,1

Fortsetzung Tab. 23

Sachgruppe	Erstauflage	Neuauflage	insgesamt	Anteil an insgesamt in %
DK 6: Angewandte Wissenschaften, Medizin, Technik	7.770	3.063	10.833	14,6
33 Medizin	3.160	1.046	4.206	5,7
34 Tiermedizin	65	19	84	0,1
35 Technik allgemein	173	43	216	0,3
36 Energie-, Maschinen-, Fertigungstechnik	617	103	720	1,0
37 Elektrotechnik	437	122	559	0,8
38 Bergbau, Bautechnik, Umwelttechnik	477	456	933	1,3
39 Landwirtschaft, Garten	778	264	1.042	1,4
40 Hauswirtschaft, Kochen, Hotel- und Gaststättengewerbe	622	297	919	1,2
41 Nachrichten- und Verkehrswesen	334	96	430	0,6
42 Technische Chemie, Lebensmitteltechnologie, Textiltechnik und andere Technologien	273	62	335	0,5
43 Basteln, Handarbeit, Heimwerken	517	472	989	1,3
44 Umweltschutz, Raumordnung, Landschaftsgestaltung	317	83	400	0,5
DK 7: Kunst, Kunstgewerbe, Photographie, Musik, Spiel, Sport	4.138	1.283	5.421	7,3
45 Architektur	910	676	1.586	2,1
46 Bildende Kunst	1.376	158	1.534	2,1
47 Photographie	229	22	251	0,3
48 Musik	556	95	651	0,9
49 Theater, Tanz, Film	423	96	519	0,7
50 Sport, Spiele	644	236	880	1,2
DK 8: Sprach- und Literaturwissenschaft, Belletristik	9.031	4.540	13.571	18,3
51 Allgemeine und vergleichende Sprach- und Literaturwissenschaft	247	52	299	0,4
52 Englische Sprach- und Literaturwissenschaft	249	102	351	0,5
53 Deutsche Sprach- und Literaturwissenschaft	1.173	285	1.458	2,0
54 Sprach- und Literaturwissenschaft der übrigen germanischen Sprachen	39	22	61	0,1
55 Romanische Sprach- und Literaturwissenschaft	291	107	398	0,5
56 Klassische Sprach- und Literaturwissenschaft	99	34	133	0,2
57 Slawische und baltische Sprach- und Literaturwissenschaft	119	26	145	0,2
58 Sprach- und Literaturwissenschaft sonstiger Sprachen	174	26	200	0,3
59 Belletristik	6.640	3.886	10.526	14,2
DK 9: Geographie, Geschichte	6.795	2.646	9.441	12,7
60 Archäologie, Vor- und Frühgeschichte	274	23	297	0,4
61 Geographie, Heimat- und Länderkunde, Reisen	1.860	672	2.532	3,4
62 Atlanten	2.228	1.409	3.637	4,9
63 Geschichte und historische Hilfswissenschaften	1.967	487	2.454	3,3
64 Sozialgeschichte	310	48	358	0,5
65 Wirtschaftsgeschichte	156	7	163	0,2
Insgesamt	53.359	20.815	74.174	100,0

Quelle: Wöchentliches Verzeichnis der Deutschen Nationalbibliographie, 1995;
Berechnungen: Börsenverein des Deutschen Buchhandels e.V.

Tab. 24: Taschenbuchproduktion nach Sachgruppen 1995

Sachgruppe	Erstauflage	Neuauflage	insgesamt	Anteil an insgesamt in %
DK 0: Allgemeines	**431**	**755**	**1.186**	**9,8**
1 Wissenschaft und Kultur allgemein	22	43	65	0,5
2 Schrift, Buch, Bibliothek, Information und Dokumentation	3	3	6	0,0
3 Nachschlagewerke, Bibliographien	24	25	49	0,4
4 Adreßbücher, Telefonbücher	–	–	–	–
5 Kalender	–	–	–	–
6 Publizistik	16	3	19	0,2
7 Kinder- und Jugendliteratur	325	640	965	8,0
8 Comics, Cartoons, Karikaturen	41	41	82	0,7
DK 1: Philosophie, Psychologie	**468**	**578**	**1.046**	**8,6**
9 Grenzgebiete der Wissenschaft und Esoterik	91	121	212	1,7
10 Philosophie	137	135	272	2,2
11 Psychologie	240	322	562	4,6
DK 2: Religion, Theologie	**198**	**177**	**375**	**3,1**
12 Christliche Religion	144	106	250	2,1
13 Allgemeine und vergleichende Religionswissenschaft, nichtchristliche Religionen	54	71	125	1,0
DK 3: Sozialwissenschaften	**551**	**476**	**1.027**	**8,5**
14 Soziologie, Gesellschaft	132	98	230	1,9
15 Statistik	–	–	–	–
16 Politik	68	39	107	0,9
17 Wirtschaft	125	89	214	1,8
18 Arbeit	25	8	33	0,3
19 Recht	74	88	162	1,3
20 Öffentliche Verwaltung	1	–	1	0,0
21 Militär	11	29	40	0,3
22 Erziehung, Bildung, Unterricht	40	72	112	0,9
23 Schulbücher	70	35	105	0,9
24 Berufsschulbücher	–	–	–	–
25 Volkskunde, Völkerkunde	5	18	23	0,2
DK 5: Mathematik, Naturwissenschaften	**124**	**119**	**243**	**2,0**
26 Natur, Naturwissenschaften allgemein	5	1	6	0,0
27 Mathematik	6	2	8	0,1
28 Informatik, Datenverarbeitung	69	76	145	1,2
29 Physik, Astronomie	15	17	32	0,3
30 Chemie	2	1	3	0,0
31 Geowissenschaften	6	6	12	0,1
32 Biologie	21	16	37	0,3

Fortsetzung Tab. 24

Sachgruppe	Erstauflage	Neuauflage	insgesamt	Anteil an insgesamt in %
DK 6: Angewandte Wissenschaften, Medizin, Technik	351	495	846	7,0
33 Medizin	218	243	461	3,8
34 Tiermedizin	2	3	5	0,0
35 Technik allgemein	3	–	3	0,0
36 Energie-, Maschinen-, Fertigungstechnik	1	1	2	0,0
37 Elektrotechnik	–	5	5	0,0
38 Bergbau, Bautechnik, Umwelttechnik	–	2	2	0,0
39 Landwirtschaft, Garten	17	42	59	0,5
40 Hauswirtschaft, Kochen, Hotel- und Gaststättengewerbe	30	42	72	0,6
41 Nachrichten- und Verkehrswesen	6	3	9	0,1
42 Technische Chemie, Lebensmitteltechnologie, Techtiltechnik und andere Technologien	1	–	1	0,0
43 Basteln, Handarbeit, Heimwerken	63	147	210	1,7
44 Umweltschutz, Raumordnung, Landschaftsgestaltung	10	7	17	0,1
DK 7: Kunst, Kunstgewerbe, Photographie, Musik, Spiel, Sport	242	201	443	3,7
45 Architektur	6	4	10	0,1
46 Bildende Kunst	35	49	84	0,7
47 Photographie	3	4	7	0,1
48 Musik	52	49	101	0,8
49 Theater, Tanz, Film	88	48	136	1,1
50 Sport, Spiele	58	47	105	0,9
DK 8: Sprach- und Literaturwissenschaft, Belletristik	3.095	3.135	6.230	51,3
51 Allgemeine und vergleichende Sprach- und Literaturwissenschaft	38	18	56	0,5
52 Englische Sprach- und Literaturwissenschaft	30	39	69	0,6
53 Deutsche Sprach- und Literaturwissenschaft	131	163	294	2,4
54 Sprach- und Literaturwissenschaft der übrigen germanischen Sprachen	2	2	4	0,0
55 Romanische Sprach- und Literaturwissenschaft	20	22	42	0,3
56 Klassische Sprach- und Literaturwissenschaft	5	3	8	0,1
57 Slawische und baltische Sprach- und Literaturwissenschaft	7	4	11	0,1
58 Sprach- und Literaturwissenschaft sonstiger Sprachen	–	–	–	–
59 Belletristik	2.862	2.884	5.746	47,4
DK 9: Geographie, Geschichte	373	366	739	6,1
60 Archäologie, Vor- und Frühgeschichte	6	7	13	0,1
61 Geographie, Heimat- und Länderkunde, Reisen	147	119	266	2,2
62 Atlanten	–	–	–	–
63 Geschichte und historische Hilfswissenschaften	184	213	397	3,3
64 Sozialgeschichte	30	24	54	0,4
65 Wirtschaftsgeschichte	6	3	9	0,1
Insgesamt	**5.833**	**6.302**	**12.135**	**100,0**

Quelle: Wöchentliches Verzeichnis der Deutschen Nationalbibliographie, 1995;
Berechnungen: Börsenverein des Deutschen Buchhandels e.V.

Tab. 25: Anteil der Taschenbücher an der Titelproduktion nach Sachgruppen 1995

Sachgruppe	Titel insgesamt	Taschen- bücher	Anteil Taschenbücher in %
DK 0: Allgemeines	**6.991**	**1.186**	**17,0**
1 Wissenschaft und Kultur allgemein	343	65	19,0
2 Schrift, Buch, Bibliothek, Information und Dokumentation	268	6	2,2
3 Nachschlagewerke, Bibliographien	221	49	22,2
4 Adreßbücher, Telefonbücher	56	–	–
5 Kalender	4	–	–
6 Publizistik	274	19	6,9
7 Kinder- und Jugendliteratur	5.168	965	18,7
8 Comics, Cartoons, Karikaturen	657	82	12,5
DK 1: Philosophie, Psychologie	**3.861**	**1.046**	**27,1**
9 Grenzgebiete der Wissenschaft und Esoterik	705	212	30,1
10 Philosophie	1.161	272	23,4
11 Psychologie	1.995	562	28,2
DK 2: Religion, Theologie	**3.637**	**375**	**10,3**
12 Christliche Religion	3.143	250	8,0
13 Allgemeine und vergleichende Religionswissenschaft, nichtchristliche Religionen	494	125	25,3
DK 3: Sozialwissenschaften	**16.386**	**1.027**	**6,3**
14 Soziologie, Gesellschaft	1.106	230	20,8
15 Statistik	24	–	–
16 Politik	694	107	15,4
17 Wirtschaft	3.814	214	5,6
18 Arbeit	358	33	9,2
19 Recht	4.578	162	3,5
20 Öffentliche Verwaltung	125	1	0,8
21 Militär	349	40	11,5
22 Erziehung, Bildung, Unterricht	1.768	112	6,3
23 Schulbücher	2.483	105	4,2
24 Berufsschulbücher	927	–	–
25 Volkskunde, Völkerkunde	160	23	14,4
DK 5: Mathematik, Naturwissenschaften	**4.033**	**243**	**6,0**
26 Natur, Naturwissenschaften allgemein	46	6	13,0
27 Mathematik	434	8	1,8
28 Informatik, Datenverarbeitung	1.396	145	10,4
29 Physik, Astronomie	559	32	5,7
30 Chemie	383	3	0,8
31 Geowissenschaften	414	12	2,9
32 Biologie	801	37	4,6

Fortsetzung Tab. 25

Sachgruppe	Titel insgesamt	Taschen- bücher	Anteil Taschenbücher in %
DK 6: Angewandte Wissenschaften, Medizin, Technik	10.833	846	7,8
33 Medizin	4.206	461	11,0
34 Tiermedizin	84	5	6,0
35 Technik allgemein	216	3	1,4
36 Energie-, Maschinen-, Fertigungstechnik	720	2	0,3
37 Elektrotechnik	559	5	0,9
38 Bergbau, Bautechnik, Umwelttechnik	933	2	0,2
39 Landwirtschaft, Garten	1.042	59	5,7
40 Hauswirtschaft, Kochen, Hotel- und Gaststättengewerbe	919	72	7,8
41 Nachrichten- und Verkehrswesen	430	9	2,1
42 Technische Chemie, Lebensmitteltechnologie, Textiltechnik und andere Technologien	335	1	0,3
43 Basteln, Handarbeiten, Heimwerken	989	210	21,2
44 Umweltschutz, Raumordnung, Landschaftsgestaltung	400	17	4,3
DK 7: Kunst, Kunstgewerbe, Photographie, Musik, Spiel, Sport	5.421	443	8,2
45 Architektur	1.586	10	0,6
46 Bildende Kunst	1.534	84	5,5
47 Photographie	251	7	2,8
48 Musik	651	101	15,5
49 Theater, Tanz, Film	519	136	26,2
50 Sport, Spiele	880	105	11,9
DK 8: Sprach- und Literaturwissenschaft, Belletristik	13.571	6.230	45,9
51 Allgemeine und vergleichende Sprach- und Literaturwissenschaft	299	56	18,7
52 Englische Sprach- und Literaturwissenschaft	351	69	19,7
53 Deutsche Sprach- und Literaturwissenschaft	1.458	294	20,2
54 Sprach- und Literaturwissenschaft der übrigen germanischen Sprachen	61	4	6,6
55 Romanische Sprach- und Literaturwissenschaft	398	42	10,6
56 Klassische Sprach- und Literaturwissenschaft	133	8	6,0
57 Slawische und baltische Sprach- und Literaturwissenschaft	145	11	7,6
58 Sprach- und Literaturwissenschaft sonstiger Sprachen	200	–	–
59 Belletristik	10.526	5.746	54,6
DK 9: Geographie, Geschichte	9.441	739	7,8
60 Archäologie, Vor- und Frühgeschichte	297	13	4,4
61 Geographie, Heimat- und Länderkunde, Reisen	2.532	266	10,5
62 Atlanten	3.637	–	–
63 Geschichte und historische Hilfswissenschaften	2.454	397	16,2
64 Sozialgeschichte	358	54	15,1
65 Wirtschaftsgeschichte	163	9	5,5
Insgesamt	74.174	12.135	16,4

Quelle: Wöchentliches Verzeichnis der Deutschen Nationalbibliographie, 1995;
Berechnungen: Börsenverein des Deutschen Buchhandels e.V.

Tab. 26: Entwicklung der Titelproduktion nach Sachgruppen 1989-1995

Jahr*	Erstauflage	Neuauflage	insgesamt	Anteil in %	Jahr*	Erstauflage	Neuauflage	insgesamt	Anteil in %
DK 0: Allgemeines					**DK 6: Angewandte Wissenschaften, Medizin, Technik**				
1989	3.895	1.616	5.511	8,3	1989	6.303	2.267	8.570	13,0
1990	3.355	1.428	4.783	7,8	1990	6.125	2.504	8.629	14,1
1991	3.811	1.836	5.647	8,3	1991	6.583	2.814	9.397	13,9
1992	4.110	1.804	5.914	8,8	1992	6.138	2.660	8.798	13,1
1993	4.431	1.695	6.126	9,1	1993	6.838	2.925	9.763	14,5
1994	4.359	1.896	6.255	8,9	1994	7.275	2.776	10.051	14,2
1995	4.591	2.400	6.991	9,4	1995	7.770	3.063	10.833	14,6
DK 1: Philosophie, Psychologie					**DK 7: Kunst, Kunstgewerbe, Photographie, Musik, Spiel, Sport**				
1989	1.875	1.015	2.890	4,4	1989	3.881	910	4.791	7,3
1990	2.075	978	3.053	5,0	1990	3.683	1.057	4.740	7,8
1991	2.095	1.078	3.173	4,7	1991	4.170	1.123	5.293	7,8
1992	2.081	1.051	3.132	4,6	1992	4.019	1.062	5.081	7,5
1993	2.326	1.077	3.403	5,1	1993	3.588	887	4.475	6,6
1994	2.381	1.213	3.594	5,1	1994	3.720	827	4.547	6,4
1995	2.508	1.353	3.861	5,2	1995	4.138	1.283	5.421	7,3
DK 2: Religion, Theologie					**DK 8: Sprach- und Literaturwissenschaft, Belletristik**				
1989	2.567	1.142	3.709	5,6	1989	10.390	4.310	14.700	22,3
1990	2.385	1.000	3.385	5,5	1990	8.248	3.315	11.563	19,0
1991	2.439	911	3.350	4,9	1991	8.962	3.991	12.953	19,1
1992	2.646	949	3.595	5,3	1992	9.365	4.061	13.426	20,0
1993	2.654	966	3.620	5,4	1993	8.573	3.928	12.501	18,6
1994	2.850	965	3.815	5,4	1994	9.050	3.965	13.015	18,4
1995	2.609	1.028	3.637	4,9	1995	9.031	4.540	13.571	18,3
DK 3: Sozialwissenschaften					**DK 9: Geographie, Geschichte**				
1989	10.831	3.396	14.227	21,5	1989	6.018	2.282	8.300	12,6
1990	9.841	3.137	12.978	21,3	1990	6.368	2.174	8.542	14,0
1991	10.732	4.088	14.820	21,8	1991	6.694	2.431	9.125	13,4
1992	10.857	3.871	14.728	21,9	1992	6.487	2.303	8.790	13,1
1993	10.603	3.849	14.452	21,5	1993	6.777	2.206	8.983	13,4
1994	12.111	3.748	15.859	22,4	1994	7.495	1.819	9.314	13,2
1995	12.508	3.878	16.386	22,1	1995	6.795	2.646	9.441	12,7
DK 5: Mathematik, Naturwissenschaften					*Seit 1991 inklusive neue Bundesländer.				
1989	2.610	672	3.282	5,0					
1990	2.699	643	3.342	5,5					
1991	3.393	739	4.132	6,1					
1992	3.133	680	3.813	5,7					
1993	3.306	577	3.883	5,8					
1994	3.526	667	4.193	5,9	Quelle: Wöchentliches Verzeichnis der Deutschen Nationalbibliographie;				
1995	3.409	624	4.033	5,4	Berechnungen: Börsenverein des Deutschen Buchhandels e.V.				

Tab. 27: Titelproduktion nach Bundesländern und Sachgruppen* 1995

	DK 0	DK 1	DK 2	DK 3	DK 5	DK 6	DK 7	DK 8	DK 9	insgesamt
Baden-Württemberg										
Titel	2.140	783	1.238	3.488	665	3.252	1.047	1.888	1.486	15.987
Anteil an der Landesproduktion in %	13,4	4,9	7,7	21,8	4,2	20,3	6,5	11,8	9,3	100,0
Anteil an der Gesamtproduktion in %	2,9	1,1	1,7	4,7	0,9	4,4	1,4	2,5	2,0	21,6
Bayern										
Titel	2.376	1.124	582	2.971	701	2.427	1.746	4.369	3.453	19.749
Anteil an der Landesproduktion in %	12,0	5,7	2,9	15,0	3,5	12,3	8,8	22,1	17,5	100,0
Anteil an der Gesamtproduktion in %	3,2	1,5	0,8	4,0	0,9	3,3	2,4	5,9	4,7	26,6
Berlin-Brandenburg										
Titel	223	181	120	1.586	1.009	1.197	394	1.004	835	6.549
Anteil an der Landesproduktion in %	3,4	2,8	1,8	24,2	15,4	18,3	6,0	15,3	12,8	100,0
Anteil an der Gesamtproduktion in %	0,3	0,2	0,2	2,1	1,4	1,6	0,5	1,4	1,1	8,8
Bremen-Unterweser										
Titel	10	7	2	61	21	113	16	13	45	288
Anteil an der Landesproduktion in %	3,5	2,4	0,7	21,2	7,3	39,2	5,6	4,5	15,6	100,0
Anteil an der Gesamtproduktion in %	0,0	0,0	0,0	0,1	0,0	0,2	0,0	0,0	0,1	0,4
Hessen										
Titel	669	795	438	2.789	281	1.080	630	2.948	1.127	10.757
Anteil an der Landesproduktion in %	6,2	7,4	4,1	25,9	2,6	10,0	5,9	27,4	10,5	100,0
Anteil an der Gesamtproduktion in %	0,9	1,1	0,6	3,8	0,4	1,5	0,8	4,0	1,5	14,5
Niedersachsen										
Titel	197	207	173	823	316	432	122	228	336	2.834
Anteil an der Landesproduktion in %	7,0	7,3	6,1	29,0	11,2	15,2	4,3	8,0	11,9	100,0
Anteil an der Gesamtproduktion in %	0,3	0,3	0,2	1,1	0,4	0,6	0,2	0,3	0,5	3,8
Norddeutschland										
Titel	588	290	87	604	143	394	374	1.142	578	4.200
Anteil an der Landesproduktion in %	14,0	6,9	2,1	14,4	3,4	9,4	8,9	27,2	13,8	100,0
Anteil an der Gesamtproduktion in %	0,8	0,4	0,1	0,8	0,2	0,5	0,5	1,5	0,8	5,7
Nordrhein-Westfalen										
Titel	640	431	801	3.495	810	1.670	820	1.642	1.112	11.421
Anteil an der Landesproduktion in %	5,6	3,8	7,0	30,6	7,1	14,6	7,2	14,4	9,7	100,0
Anteil an der Gesamtproduktion in %	0,9	0,6	1,1	4,7	1,1	2,3	1,1	2,2	1,5	15,4
Rheinland-Pfalz										
Titel	42	27	143	271	12	94	110	148	157	1.004
Anteil an der Landesproduktion in %	4,2	2,7	14,2	27,0	1,2	9,4	11,0	14,7	15,6	100,0
Anteil an der Gesamtproduktion in %	0,1	0,0	0,2	0,4	0,0	0,1	0,1	0,2	0,2	1,4
Saarland										
Titel	21	6	7	35	2	15	19	40	21	166
Anteil an der Landesproduktion in %	12,7	3,6	4,2	21,1	1,2	9,0	11,4	24,1	12,7	100,0
Anteil an der Gesamtproduktion in %	0,0	0,0	0,0	0,0	0,0	0,0	0,0	0,1	0,0	0,2
Sachsen, Sachsen-Anhalt, Thüringen										
Titel	85	10	46	263	73	159	143	149	291	1.219
Anteil an der Landesproduktion in %	7,0	0,8	3,8	21,6	6,0	13,0	11,7	12,2	23,9	100,0
Anteil an der Gesamtproduktion in %	0,1	0,0	0,1	0,4	0,1	0,2	0,2	0,2	0,4	1,6

* Aufgliederung der Dezimalklassifikation (DK): siehe Tab. 23-25.

Quelle: Wöchentliches Verzeichnis der Deutschen Nationalbibliographie, 1995; Berechnungen: Börsenverein des Deutschen Buchhandels e.V.

Tab. 28: Titelproduktion nach Orten* 1995

Rang	Ort	Titelzahl	Rang	Ort	Titelzahl
1	München	14.534	41	Hildesheim	252
2	Frankfurt am Main	6.825	42	Gütersloh	251
3	Stuttgart	6.764	43	Opladen	239
4	Berlin	6.471	44	Marburg	228
5	Köln	2.186	45	Dortmund	227
6	Hamburg	1.856	46	Gießen	226
7	Reinbek	1.488	47	Bad Homburg vor der Höhe	216
8	Freiburg im Breisgau	1.403	48	Erlangen	205
9	Düsseldorf	1.257	49	Mannheim	180
10	Aachen	1.154	50	Bad Soden	173
11	Wiesbaden	1.019	51	Karlsruhe	170
12	Weinheim	991	52	Landsberg	170
13	Münster	919	53	Kiel	160
14	Bonn	879	54	Bochum	155
15	Bergisch Gladbach	873	55	Neuhausen	149
16	Ravensburg	831	56	Neuwied	149
17	Heidelberg	774	57	Bremerhaven	146
18	Göttingen	734	58	Donauwörth	140
19	Würzburg	685	59	Haar	139
20	Regensburg	576	60	Bremen	138
21	Hannover	554	61	Passau	131
22	Leipzig	542	62	Oldenburg	117
23	Tübingen	535	63	Gudensberg-Gleichen	115
24	Baden-Baden	523	64	Ismaning	110
25	Darmstadt	476	65	Kassel	109
26	Augsburg	453	66	Eschborn	107
27	Rastatt	438	67	Hamm	99
28	Bielefeld	412	68	Saarbrücken	99
29	Paderborn	391	69	Bamberg	98
30	Niedernhausen	379	70	Sankt Augustin	96
31	Lahr	370	71	Asslar	92
32	Braunschweig	366	72	Dresden	91
33	Mainz	356	73	Clausthal-Zellerfeld	88
34	Fellbach	322	74	Pfaffenweiler	88
35	Wuppertal	277	75	Herne	87
36	Essen	275	76	Schwerin	85
37	Ostfildern	275	77	Poing	82
38	Bindlach	273	78	Husum	81
39	Nürnberg	266	79	Puchheim	80
40	Konstanz	262	80	Rinteln	80

* Orte mit mehr als 80 Titeln.

Quelle: Wöchentliches Verzeichnis der Deutschen Nationalbibliographie, 1995; Berechnungen: Börsenverein des Deutschen Buchhandels e.V.

6.2. Internationale Buchproduktion

Großbritannien weist mit der für das Jahr 1994 im Rahmen der UNESCO-Statistik gemeldeten Titelzahl in Höhe von 95.015 Neuerscheinungen im internationalen Vergleich die weltweit höchste Titelproduktion aus. Gegenüber 1992 ergibt sich ein Titelzuwachs um 9,8 %. Die absolute Zahl der Neuerscheinungen ist allerdings insofern zu relativieren, als hier auch ein Teil der Titelproduktion amerikanischer Verlage sowie englischsprachige Publikationen aus dem übrigen Ausland enthalten sind.

China, das zuletzt mit einer Titelproduktion von über 90.000 Neuerscheinungen im internationalen Vergleich den höchsten Titelausstoß verzeichnete, wurde damit als titelstärkstes Land abgelöst. Mit einem Titelzuwachs um 3,1 % im Zeitraum 1991 bis 1993 meldete China einen neuen Höchststand von 92.972 Neuerscheinungen.

In der Bundesrepublik Deutschland wurden 1993 67.206 Titel veröffentlicht. Die Zahl der Neuerscheinungen aus dem Vorjahr (67.277 Titel) wurde damit knapp unterschritten. Im internationalen Vergleich ist die Bundesrepublik Deutschland das Land mit der dritthöchsten Titelproduktion.

Mehr als 40.000 Neuerscheinungen wurden aus den Vereinigten Staaten von Amerika (49.276 Titel im Jahr 1992), Frankreich (41.234 Titel) und Spanien (40.758 Titel) gemeldet. Sowohl in Frankreich als auch in Spanien wurde das hohe Vorjahresniveau nicht erreicht.

Weitere titelstarke Länder sind mit mehr als 30.000 Neuerscheinungen Japan (35.496 Titel in 1992), Südkorea (30.861 Titel) und Italien (30.110 Titel). Südkorea verzeichnete seit 1990 (39.330 Titel) erstmals wieder mehr als 30.000 Neuerscheinungen, während Italien erstmals diese Schwelle überschritt. Für Italien ergibt sich folglich ein neuer Rekordwert. Seit 1982 (12.926 Titel) meldet Italien kontinuierlich Zuwächse seiner Titelproduktion. Damit hat sich die Zahl der neuen Bücher im Zeitraum 1982 bis 1993 mehr als verdoppelt. Das entspricht einer durchschnittlichen Zuwachsrate pro Jahr in Höhe von acht Prozent. Italien ist damit das einzige der Länder mit einer Titelproduktion über 10.000 Neuerscheinungen, das zuletzt in jedem Jahr Titelzuwächse ausweist.

Mehr als 20.000 Neuerscheinungen wurden in folgenden Ländern gezählt: Russische Föderation (29.017 Titel), Brasilien (27.557 Titel in 1992) und Kanada (22.208 Titel). Für Australien (1989: 10.723 Titel) weist die UNESCO-Statistik keine aktuellen Zahlen aus.

Folgende Länder, die sich an den Umfragen für die Berichtsjahre 1991 bis 1993 nicht beteiligt haben, wiesen bei ihrer letzten Meldung (sofern sie nicht vor 1980 erfolgte) über 2.000 Neuerscheinungen aus: Jugoslawien (1990: 9.797 Titel), Hongkong (1983: 5.681 Titel), Neuseeland (1984: 3.452 Titel), Afghanistan (1990: 2.795 Titel), Irland (1985: 2.679 Titel), Mexiko (1990: 2.608 Titel), Dominikanische Republik (1980: 2.219 Titel) und Israel (1985: 2.214 Titel).

Da in einzelnen mehrsprachigen Ländern viele Titel in verschiedenen Sprachen erscheinen und jede Ausgabe in die Statistik eingeht, lassen die Zahlen der UNESCO-Erhebung nur bedingt Rückschlüsse auf die tatsächliche Titelvielfalt im internationalen Vergleich zu. Außerdem werden in den verschiedenen Ländern teilweise unterschiedliche Definitionen der Titelproduktion verwendet. Darüber hinaus wird die Aussagefähigkeit der Statistik zur internationalen Titelproduktion durch unterschiedliche Auffassungen hinsichtlich der Zuordnung der Titel zu verschiedenen Sachgruppen, die jedes Land selber vornimmt, eingeschränkt.

Tab. 29: Internationale Titelproduktion 1991-1993

Land*	1991	1992	1993
Ägypten	2.599	.	.
Argentinien	6.092	5.628	.
Belgien	13.913	.	.
BR Deutschland	67.890	67.277	67.206
BR Jugoslawien (Serbien/Montenegro)	4.049	2.618	.
Brasilien	.	27.557	.
Bulgarien	3.260	4.773	5.771
Chile	1.966	1.820	.
China	90.156	.	92.972
Dänemark	10.198	11.761	11.492
Estland	1.654	1.557	1.965
Finnland	11.208	11.033	11.785
Frankreich	43.682	45.379	41.234
Griechenland	4.066	.	.
Großbritannien	.	86.573	**95.015
Indien	14.438	15.778	12.768
Indonesien	1.774	6.303	.
Iran	5.018	6.822	.
Island	1.576	1.649	1.327
Italien	27.751	29.351	30.110
Japan	.	35.496	.
Kanada	.	.	22.208
Kasachstan	.	1.226	.
Kolumbien	1.481	.	.
Kroatien	.	.	2.094
Kuba	1.017	957	568
Lettland	.	1.509	1.614
Litauen	.	2.361	2.224
Malaysia	3.748	.	.
Niederlande	11.613	11.844	.
Nigeria	1.546	1.562	.
Norwegen	3.884	4.881	4.943
Österreich	6.505	4.986	5.628
Peru	1.063	1.657	2.106
Philippinen	825	1.016	.
Polen	10.688	10.727	9.788
Portugal	6.430	6.462	6.089
Rumänien	2.914	3.662	.
Russische Föderation	34.050	28.716	29.017
Schweden	11.866	12.813	12.895
Schweiz	14.886	14.663	14.870
Slowakei	.	3.308	3.285
Slowenien	2.459	2.136	.
Spanien	39.082	41.816	40.758
Sri Lanka	2.535	4.225	3.204
Südafrika	4.836	4.738	4.751
Südkorea	29.432	27.889	30.861
Thailand	7.676	7.626	.
Tschechische Republ.	.	6.743	8.203
Tschechoslowakei	9.362	.	.
Tunesien	.	1.165	539
Türkei	6.365	6.549	5.978
Ukraine	5.857	4.410	5.002
Ungarn	8.133	8.536	9.170
Uruguay	1.143	.	.
USA	48.146	49.276	.
Usbekistan	.	1.267	1.340
Venezuela	3.461	3.879	3.934
Weißrußland	2.432	2.364	2.926

* Länder mit über 1.000 Titeln in einem der genannten Jahre.
** Angabe für das Jahr 1994.

Quelle: Statistical Yearbook

Tab. 30: Internationale Titelproduktion nach Sachgruppen 1993

Erscheinungsland*	Titel insgesamt	DK 0	DK 1	DK 2	DK 3	DK 5	DK 6	DK 7	DK 8	DK 9
BR Deutschland	67.206	9,1	5,1	5,4	21,5	5,8	14,5	6,7	18,6	13,4
Bulgarien	5.771	3,4	4,1	3,7	17,6	4,8	14,2	2,7	45,1	4,5
China	92.972	3,3	1,3	**–	52,5	3,5	16,5	6,0	13,1	3,8
Dänemark	11.492	2,9	4,2	2,3	19,0	7,8	24,3	6,2	23,5	9,6
Finnland	11.785	2,7	2,1	2,7	24,3	9,4	27,1	6,7	17,7	7,3
Frankreich	41.234	1,8	4,6	3,2	19,1	4,8	13,5	8,0	32,5	12,4
Indien	***12.768	1,7	3,1	6,1	26,8	4,3	11,4	2,8	35,5	8,2
Italien	30.110	3,7	5,4	5,9	20,4	3,7	11,9	11,5	27,9	9,7
Kanada	***22.208	3,2	2,1	2,5	37,9	5,8	14,8	4,9	22,2	6,7
Kroatien	***2.094	2,1	2,7	8,9	24,4	4,7	22,2	3,5	27,3	4,0
Litauen	2.224	7,6	2,6	3,3	19,5	8,0	19,6	3,4	30,2	5,9
Norwegen	4.943	3,4	2,9	3,4	19,9	3,8	11,5	6,6	40,4	8,2
Österreich	5.628	3,0	3,1	3,0	32,2	10,4	10,9	10,4	19,1	7,9
Peru	2.106	3,2	4,1	2,8	35,3	4,7	16,8	7,1	16,8	9,1
Polen	9.788	1,6	3,6	7,0	15,3	8,1	17,9	5,1	31,5	10,0
Russische Föderation	29.017	4,9	2,6	2,7	16,0	9,5	29,8	2,2	28,9	3,4
Schweden	12.895	2,6	2,1	3,9	18,6	7,0	22,4	6,4	28,3	8,7
Schweiz	***14.870	1,7	4,6	6,2	23,9	10,5	23,1	10,4	14,4	5,2
Slowakei	3.285	2,2	2,8	6,5	20,4	8,0	21,7	3,8	29,9	4,6
Spanien	40.758	3,8	3,7	4,7	20,4	5,2	13,7	8,2	31,0	9,3
Sri Lanka	3.204	9,3	1,3	8,7	45,1	1,8	7,2	2,6	20,0	3,9
Südafrika	4.751	2,6	0,7	12,3	22,7	7,3	19,7	3,6	27,3	3,7
Südkorea	30.861	2,1	2,6	6,7	16,0	5,7	11,6	20,3	30,6	4,4
Tschechische Republik	8.203	3,6	3,1	3,3	22,5	7,8	13,5	4,7	34,4	7,1
Türkei	***5.978	1,5	2,6	7,8	29,5	2,9	14,4	4,7	27,4	9,2
Ukraine	5.002	0,1	2,3	2,3	18,6	16,0	27,1	1,8	25,8	6,0
Ungarn	9.170	2,9	3,1	4,0	15,5	6,2	18,2	6,6	36,3	7,3
Venezuela	3.934	3,3	3,7	2,2	26,4	5,2	24,4	8,2	20,5	6,1
Weißrußland	2.926	5,2	1,5	4,9	24,3	4,9	23,6	3,8	28,5	3,3

* Länder mit mindestens 2.000 Titeln.
** Titel dieser Sachgruppe sind in anderen Sachgruppen enthalten.
*** Auf Sachgruppen aufgeteilte Titelzahl ist geringer als Titelzahl insgesamt.

Quelle: Statistical Yearbook 1995

Sachgruppen der Dezimalklassifikation (DK):
DK 0: Allgemeines
DK 1: Philosophie, Psychologie
DK 2: Religion, Theologie
DK 3: Sozialwissenschaften
DK 5: Mathematik, Naturwissenschaften
DK 6: Angewandte Wissenschaften, Medizin, Technik
DK 7: Kunst, Kunstgewerbe, Photographie, Musik, Spiel, Sport
DK 8: Sprach- und Literaturwissenschaft, Belletristik
DK 9: Geographie, Geschichte

7. ÜBERSETZUNGEN UND LIZENZEN

7.1. Übersetzungen

Etwa jede siebte der 1995 veröffentlichten 74.174 Neuerscheinungen beruhte auf einer fremdsprachigen Vorlage. Nachdem der Anteil der Übersetzungen in den Jahren 1989-1992 kontinuierlich von 11,2 % auf 15,5 % angewachsen war, entwickelte sich die Quote der aus fremden Sprachen übertragenen Titel zum dritten Mal in Folge rückläufig. Mit anteilig 14,2 % an allen Titeln wurde das Vorjahresniveau erneut unterschritten. Dem anteilsmäßigen Rückgang um 0,2 Prozentpunkte entsprach allerdings - bedingt durch die von 70.643 auf 74.174 erhöhten Titelzahl insgesamt - ein absoluter Zuwachs der Übersetzungen

Tab. 31: Übersetzungen ins Deutsche 1986-1995

Jahr*	Übersetzungen	Anteil an der Gesamtproduktion in %
1986	7.227	11,3
1987	9.325	14,2
1988	9.878	14,4
1989	7.388	11,2
1990	8.321	13,6
1991	9.557	14,1
1992	10.457	15,5
1993	9.854	14,7
1994	10.206	14,4
1995	10.565	14,2

* Seit 1991 inkl. neue Bundesländer. Quelle: Wöchentliches Verzeichnis der Deutschen Nationalbibliographie; Berechnungen: Börsenverein des Deutschen Buchhandels e.V.

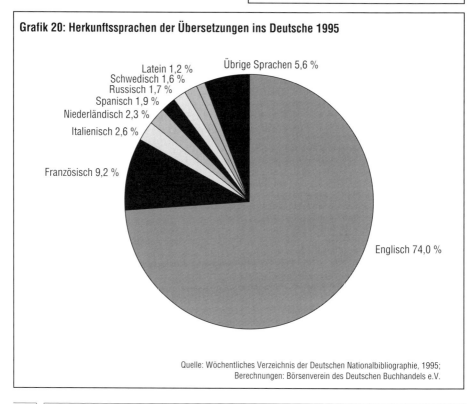

Grafik 20: Herkunftssprachen der Übersetzungen ins Deutsche 1995

- Latein 1,2 %
- Schwedisch 1,6 %
- Russisch 1,7 %
- Spanisch 1,9 %
- Niederländisch 2,3 %
- Italienisch 2,6 %
- Französisch 9,2 %
- Übrige Sprachen 5,6 %
- Englisch 74,0 %

Quelle: Wöchentliches Verzeichnis der Deutschen Nationalbibliographie, 1995; Berechnungen: Börsenverein des Deutschen Buchhandels e.V.

um 3,5 % von 10.206 auf 10.565 Übersetzungen.

1995 wurden Werke aus insgesamt 52 Sprachen ins Deutsche übertragen. Auf 22 dieser Sprachen entfielen mindestens je zehn Titel. Mit 7.815 Titeln stammen nahezu drei von vier Übersetzungen aus dem englischen Sprachraum. Innerhalb der letzten vier Jahre erhöhte sich der Anteil der Übersetzungen aus dem Englischen kontinuierlich von 65,9 % auf nunmehr 74,0 %. Von 1994 auf 1995 war ein Anteilsanstieg um 2,5 Prozentpunkte zu verzeichnen.

„Französisch" ist zwar nach dem Englischen die zweitwichtigste Herkunftssprache für Übersetzungen in das Deutsche. Dennoch hat das Französische 1995 einen Anteilsverlust von 1,4 Prozentpunkten hinnehmen müssen und liegt mit einem Anteil von 9,2 % somit erstmals innerhalb von zehn Jahren unter einem Anteilswert von 10 % an allen Übersetzungen. Zugunsten des Englischen waren 1995 auch die Anteile anderer bedeutender Sprachen weiter rückläufig. So verzeichneten die Herkunftssprachen „Italienisch", „Spanisch" und „Russisch" Anteilseinbußen um jeweils 0,3 Prozentpunkte. Auch das Niederländische, das mit einem Anteilswert von 2,3 % an allen Übersetzungen die viertwichtigste Herkunftssprache ist, weist Anteilsverluste von 0,2 Prozentpunkten auf. Von den Sprachen mit mindestens einem Prozent an allen Übersetzungen ins Deutsche zeigte sich für „Polnisch" ein Anteilszuwachs von 0,2 Prozentpunkten, womit diese Sprache innerhalb der letzten zehn Jahre erstmals unter die zehn wichtigsten Herkunftssprachen für Übersetzungen fällt (Tab. 34).

Mehr als die Hälfte aller Übersetzungen entfielen 1995 auf die Sachgruppen „Belletristik" (44,5 %) und „Kinder- und Jugendliteratur" (13,5 %). Mit anteilig 4,9 % war die Psychologie das drittgrößte Segment. Anteile von mindestens drei Prozent verzeichneten die Sachgruppen „Medizin" (3,9 %) und „Geschichte und historische Hilfswissenschaften" (3,0 %).

Auch 1995 hielt die Sachgruppe „Belletristik" den weitaus größten Anteil an den insgesamt 10.565 ins Deutsche übersetzten Neuerscheinungen. Der Anteil der Belletristik an allen Übersetzungen erhöhte sich von 43,5 % auf 44,5 %. Die Anzahl der

Tab. 32: Herkunftssprachen der Übersetzungen ins Deutsche 1995

Sprache	Anzahl der Übersetzungen	Anteil in %	Belletristik-Übersetzungen	Anteil in %
Englisch	7.815	74,0	3.665	77,9
Französisch	973	9,2	303	6,4
Italienisch	271	2,6	116	2,5
Niederländisch	239	2,3	58	1,2
Spanisch	198	1,9	121	2,6
Russisch	184	1,7	87	1,8
Schwedisch	168	1,6	44	0,9
Latein	127	1,2	25	0,5
Polnisch	61	0,6	32	0,7
Dänisch	59	0,6	26	0,6
Japanisch	52	0,5	24	0,5
Altgriechisch	51	0,5	19	0,4
Portugiesisch	46	0,4	31	0,7
Norwegisch	42	0,4	13	0,3
Neuhebräisch	41	0,4	20	0,4
Tschechisch	41	0,4	19	0,4
Chinesisch	34	0,3	9	0,2
Ungarisch	17	0,2	5	0,1
Arabisch	16	0,2	10	0,2
Jiddisch	11	0,1	9	0,2
Rumänisch	10	0,1	7	0,1
Türkisch	10	0,1	7	0,1
Übrige Sprachen*	99	0,9	54	1,1
Insgesamt	**10.565**	**100,0**	**4.704**	**100,0**

* Sprachen mit weniger als 10 Übersetzungen.

Quelle: Wöchentliches Verzeichnis der Deutschen Nationalbibliographie, 1995; Berechnungen: Börsenverein des Deutschen Buchhandels e.V.

Tab. 33: Übersetzungen ins Deutsche nach Sachgruppen 1995

Sachgruppe	Anzahl der Übersetzungen	Anteil an allen Übersetzungen in %	Anteil an allen Sachgruppentiteln* in %
DK 0: Allgemeines	**1.706**	**16,1**	**24,4**
1 Wissenschaft und Kultur allgemein	42	0,4	12,2
2 Schrift, Buch, Bibliothek, Information und Dokumentation	4	0,0	1,5
3 Nachschlagewerke, Bibliographien	1	0,0	0,5
4 Adreßbücher, Telefonbücher	–	–	–
5 Kalender	–	–	–
6 Publizistik	9	0,1	3,3
7 Kinder- und Jugendliteratur	1.423	13,5	27,5
8 Comics, Cartoons, Karikaturen	227	2,1	34,6
DK 1: Philosophie, Psychologie	**972**	**9,2**	**25,2**
9 Grenzgebiete der Wissenschaft und Esoterik	243	2,3	34,5
10 Philosophie	214	2,0	18,4
11 Psychologie	515	4,9	25,8
DK 2: Religion, Theologie	**467**	**4,4**	**12,8**
12 Christliche Religion	310	2,9	9,9
13 Allgemeine und vergleichende Religionswissenschaft, nichtchristliche Religionen	157	1,5	31,8
DK 3: Sozialwissenschaften	**503**	**4,8**	**3,1**
14 Soziologie, Gesellschaft	109	1,0	9,9
15 Statistik	–	–	–
16 Politik	39	0,4	5,6
17 Wirtschaft	145	1,4	3,8
18 Arbeit	15	0,1	4,2
19 Recht	47	0,4	1,0
20 Öffentliche Verwaltung	–	–	–
21 Militär	49	0,5	14,0
22 Erziehung, Bildung, Unterricht	62	0,6	3,5
23 Schulbücher	11	0,1	0,4
24 Berufsschulbücher	–	–	–
25 Volkskunde, Völkerkunde	26	0,2	16,3
DK 5: Mathematik, Naturwissenschaften	**266**	**2,5**	**6,6**
26 Natur, Naturwissenschaften allgemein	11	0,1	23,9
27 Mathematik	25	0,2	5,8
28 Informatik, Datenverarbeitung	66	0,6	4,7
29 Physik, Astronomie	57	0,5	10,2
30 Chemie	11	0,1	2,9
31 Geowissenschaften	12	0,1	2,9
32 Biologie	84	0,8	10,5

Fortsetzung Tab. 33

Sachgruppe	Anzahl der Übersetzungen	Anteil an allen Übersetzungen in %	Anteil an allen Sachgruppentiteln* in %
DK 6: Angewandte Wissenschaften, Medizin, Technik	736	7,0	6,8
33 Medizin	416	3,9	9,9
34 Tiermedizin	7	0,1	8,3
35 Technik allgemein	10	0,1	4,6
36 Energie-, Maschinen-, Fertigungstechnik	29	0,3	4,0
37 Elektrotechnik	2	0,0	0,4
38 Bergbau, Bautechnik, Umwelttechnik	–	–	–
39 Landwirtschaft, Garten	96	0,9	9,2
40 Hauswirtschaft, Kochen, Hotel- und Gaststättengewerbe	60	0,6	6,5
41 Nachrichten- und Verkehrswesen	19	0,2	4,4
42 Technische Chemie, Lebensmitteltechnologie, Textiltechnik und andere Technologien	9	0,1	2,7
43 Basteln, Handarbeiten, Heimwerken	72	0,7	7,3
44 Umweltschutz, Raumordnung, Landschaftsgestaltung	16	0,2	4,0
DK 7: Kunst, Kunstgewerbe, Photographie, Musik, Spiel, Sport	480	4,5	8,9
45 Architektur	52	0,5	3,3
46 Bildende Kunst	110	1,0	7,2
47 Photographie	19	0,2	7,6
48 Musik	106	1,0	16,3
49 Theater, Tanz, Film	72	0,7	13,9
50 Sport, Spiele	121	1,1	13,8
DK 8: Sprach- und Literaturwissenschaft, Belletristik	4.902	46,4	36,1
51 Allgemeine und vergleichende Sprach- und Literaturwissenschaft	21	0,2	7,0
52 Englische Sprach- und Literaturwissenschaft	73	0,7	20,8
53 Deutsche Sprach- und Literaturwissenschaft	12	0,1	0,8
54 Sprach- und Literaturwissenschaft der übrigen germanischen Sprachen	9	0,1	14,8
55 Romanische Sprach- und Literaturwissenschaft	46	0,4	11,6
56 Klassische Sprach- und Literaturwissenschaft	12	0,1	9,0
57 Slawische und baltische Sprach- und Literaturwissenschaft	15	0,1	10,3
58 Sprach- und Literaturwissenschaft sonstiger Sprachen	10	0,1	5,0
59 Belletristik	4.704	44,5	44,7
DK 9: Geographie, Geschichte	533	5,0	5,6
60 Archäologie, Vor- und Frühgeschichte	18	0,2	6,1
61 Geographie, Heimat- und Länderkunde, Reisen	157	1,5	6,2
62 Atlanten	1	0,0	0,0
63 Geschichte und historische Hilfswissenschaften	313	3,0	12,8
64 Sozialgeschichte	35	0,3	9,8
65 Wirtschaftsgeschichte	9	0,1	5,5
Insgesamt	10.565	100,0	14,2

* Bezugsgröße: siehe Tabelle 23.

Quelle: Wöchentliches Verzeichnis der Deutschen Nationalbibliographie, 1995; Berechnungen: Börsenverein des Deutschen Buchhandels e.V.

Tab. 34: Die 10 wichtigsten Sprachen für Übersetzungen ins Deutsche 1986-1995

Rang	1986	1987	1988	1989	1990
1	Englisch	Englisch	Englisch	Englisch	Englisch
2	Französisch	Französisch	Französisch	Französisch	Französisch
3	Italienisch	Italienisch	Italienisch	Italienisch	Italienisch
4	Russisch	Russisch	Russisch	Russisch	Russisch
5	Niederländisch	Niederländisch	Spanisch	Spanisch	Spanisch
6	Schwedisch	Spanisch	Schwedisch	Latein	Niederländisch
7	Spanisch	Latein	Niederländisch	Niederländisch	Schwedisch
8	Latein	Schwedisch	Latein	Schwedisch	Latein
9	Dänisch	Dänisch	Altgriechisch	Tschechisch	Tschechisch
10	Tschechisch	Tschechisch	Dänisch	Altgriechisch	Dänisch

Rang	1991	1992	1993	1994	1995
1	Englisch	Englisch	Englisch	Englisch	Englisch
2	Französisch	Französisch	Französisch	Französisch	Französisch
3	Italienisch	Italienisch	Italienisch	Italienisch	Italienisch
4	Spanisch	Russisch	Russisch	Niederländisch	Niederländisch
5	Russisch	Spanisch	Niederländisch	Spanisch	Spanisch
6	Niederländisch	Niederländisch	Spanisch	Russisch	Russisch
7	Schwedisch	Schwedisch	Schwedisch	Schwedisch	Schwedisch
8	Latein	Latein	Latein	Latein	Latein
9	Altgriechisch	Tschechisch	Tschechisch	Norwegisch	Polnisch
10	Dänisch	Dänisch	Dänisch	Dänisch	Dänisch

Quelle: Wöchentliches Verzeichnis der Deutschen Nationalbibliographie; Berechnungen: Börsenverein des Deutschen Buchhandels e.V.

Belletristik-Übersetzungen wuchs damit gegenüber 1994 um 5,9 % auf 4.704 Titel. Den zweitgrößten Anteilszuwachs hatte die Sachgruppe „Grenzgebiete der Wissenschaft und Esoterik" zu verzeichnen. Mit einem Zuwachs von 0,7 Prozentpunkten beträgt ihr Anteil nun 2,3 % an allen Übersetzungen.

Nach wie vor verzeichnet die „Belletristik" mit 44,7 % den höchsten Übersetzungsanteil aller Sachgruppen. Über 30 % lag die entsprechende Quote in den folgenden Sachgruppen, die mindestens 100 Übersetzungen aufwiesen: „Comics, Cartoons, Karikaturen" (34,6 %), „Grenzgebiete der Wissenschaft, Esoterik" (34,5 %) und „Allgemeine und vergleichende Religionswissenschaft, nichtchristliche Religionen" (31,8 %).

Innerhalb der „Belletristik" dominierten mit anteilig 77,9 % die Übersetzungen aus dem Englischen. Zusammen mit den Übersetzungen aus dem Französischen (6,4 %) entfielen auf diese beiden Sprachen 84,3 % aller Belletristik-Übersetzungen. Der Anteil der Übersetzungen aus dem Französischen an allen Belletristik-Übersetzungen ging innerhalb der letzten drei Jahre um 47 % zurück. Dieser Rückgang im belletristischen Bereich von 12,1 % auf nunmehr 6,4 % war damit maßgeblich für die rückläufige Gesamtzahl der Übersetzungen aus dieser Sprache verantwortlich.

7.2. Lizenzen

4.173 Lizenzen vergaben die an der Lizenzumfrage des Börsenvereins beteiligten Verlage 1995 in insgesamt 61 Länder. 59 % dieser Lizenzen entfielen auf die Sprachen Polnisch, Englisch, Spanisch, Italienisch, Tschechisch, Französisch, Niederländisch und Koreanisch.

Seit 1986 verzeichnet die polnische Sprache bemerkenswerte Anteilszuwächse. Von 2,4 % in 1990 stieg ihr Anteil an allen ins Ausland vergebenen Lizenzen kontinuierlich bis auf 10,9 % in 1995. Damit verzeichnete Polnisch den höchsten Anteil aller Sprachen.

Die stark zunehmende Bedeutung osteuropäischer Sprachen hatte für die Sprachen Englisch, Italienisch, Französisch, Niederländisch rückläufige Anteile zur Folge. Hatten diese Sprachen 1993 zusammen noch einen Anteil von 41,9 % an allen Lizenzvergaben, so ging dieser innerhalb von zwei Jahren auf 28,3 % zurück. Wenngleich für einige osteuropäische Sprachen im Vergleich zum Vorjahr geringere Anteile zu verzeichnen waren, hielten die osteuropäischen Sprachen insgesamt auch 1995 einen weiter steigenden Anteil an allen Lizenzen. 1.387 Lizenzen in osteuropäische Sprachen bedeuteten eine Quote in Höhe von 33,2 %. 1993 hatte ihr Anteil noch bei 25,1 %, 1989 gar erst bei 10,7 % gelegen. Die Betrachtung der zehn wichtigsten Sprachen für die Lizenzvergabe deutscher Verlage im vergangenen Jahrzehnt macht deut-

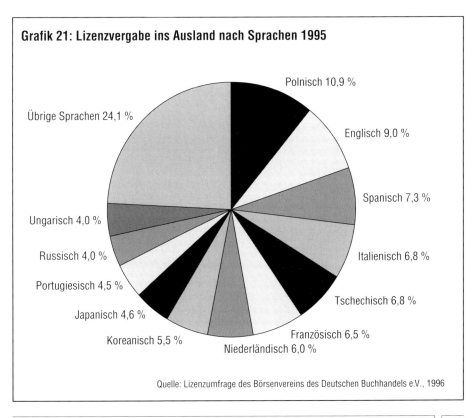

Grafik 21: Lizenzvergabe ins Ausland nach Sprachen 1995

- Polnisch 10,9 %
- Englisch 9,0 %
- Spanisch 7,3 %
- Italienisch 6,8 %
- Tschechisch 6,8 %
- Französisch 6,5 %
- Niederländisch 6,0 %
- Koreanisch 5,5 %
- Japanisch 4,6 %
- Portugiesisch 4,5 %
- Russisch 4,0 %
- Ungarisch 4,0 %
- Übrige Sprachen 24,1 %

Quelle: Lizenzumfrage des Börsenvereins des Deutschen Buchhandels e.V., 1996

Tab. 35: Lizenzvergabe ins Ausland nach Sprachen 1991-1995

Sprache	1991 Anzahl	1991 Anteil in %	1992 Anzahl	1992 Anteil in %	1993 Anzahl	1993 Anteil in %	1994 Anzahl	1994 Anteil in %	1995 Anzahl	1995 Anteil in %
Polnisch	194	6,1	174	6,3	259	8,1	354	9,1	454	10,9
Englisch	410	12,9	306	11,1	402	12,6	394	10,2	374	9,0
Spanisch	271	8,5	280	10,2	300	9,4	449	11,6	306	7,3
Italienisch	395	12,4	363	13,2	301	9,4	303	7,8	284	6,8
Tschechisch	124	3,9	121	4,4	170	5,3	287	7,4	283	6,8
Französisch	330	10,4	250	9,1	331	10,3	313	8,1	273	6,5
Niederländisch	250	7,9	236	8,6	309	9,6	288	7,4	249	6,0
Koreanisch	17	0,5	29	1,1	26	0,8	50	1,3	230	5,5
Japanisch	150	4,7	141	5,1	150	4,7	168	4,3	194	4,6
Portugiesisch	131	4,1	58	2,1	78	2,4	102	2,6	188	4,5
Ungarisch	120	3,8	105	3,8	160	5,0	166	4,3	169	4,0
Russisch	61	1,9	27	1,0	46	1,4	135	3,5	165	4,0
Chinesisch	42	1,3	28	1,0	42	1,3	93	2,4	91	2,2
Slowakisch	31	1,0	42	1,5	60	1,9	86	2,2	90	2,2
Neugriechisch	62	1,9	73	2,7	82	2,6	71	1,8	81	1,9
Dänisch	111	3,5	73	2,7	67	2,1	65	1,7	75	1,8
Deutsch	47	1,5	37	1,4	64	2,0	47	1,2	71	1,7
Indonesisch	20	0,6	16	0,6	6	0,2	12	0,3	61	1,5
Türkisch	26	0,8	21	0,8	49	1,5	35	0,9	60	1,4
Norwegisch	29	0,9	44	1,6	42	1,3	77	2,0	56	1,3
Schwedisch	59	1,8	73	2,7	42	1,3	49	1,3	50	1,2
Bulgarisch	18	0,6	28	1,0	28	0,9	64	1,7	45	1,1
Rumänisch	21	0,7	14	0,5	8	0,3	23	0,6	40	1,0
Lettisch	8	0,2	1	0,0	12	0,4	29	0,7	36	0,9
Finnisch	66	2,1	58	2,1	61	1,9	60	1,6	28	0,7
Slowenisch	47	1,5	35	1,3	37	1,2	25	0,6	28	0,7
Estnisch	3	0,1	1	0,0	13	0,4	10	0,3	28	0,7
Kroatisch	17	0,5	9	0,3	6	0,2	17	0,4	22	0,5
Katalanisch	22	0,7	9	0,3	9	0,3	8	0,2	22	0,5
Litauisch	1	0,1	3	0,1	3	0,1	12	0,3	20	0,5
Arabisch	–	–	3	0,1	2	0,1	10	0,3	16	0,4
Kastilisch	–	–	20	0,7	5	0,1	6	0,2	15	0,4
Thai	–	–	1	0,0	1	0,0	1	0,0	13	0,3
Neuhebräisch	7	0,2	8	0,3	9	0,3	11	0,3	12	0,3
Serbokroatisch	23	0,7	–	–	–	–	–	–	–	–
Übrige Sprachen*	70	2,2	61	2,2	23	0,7	49	1,3	44	1,1
Insgesamt	**3.183**	**100,0**	**2.748**	**100,0**	**3.203**	**100,0**	**3.869**	**100,0**	**4.173**	**100,0**

* Sprachen mit weniger als 10 Lizenzen. Quelle: Lizenzumfrage des Börsenvereins des Deutschen Buchhandels e.V.

Tab. 36: Die 10 wichtigsten Sprachen für die Lizenzvergabe ins Ausland 1986-1995

Rang	1986	1987	1988	1989	1990
1	Spanisch	Italienisch	Spanisch	Italienisch	Französisch
2	Englisch	Französisch	Französisch	Französisch	Italienisch
3	Niederländisch	Niederländisch	Englisch	Spanisch	Englisch
4	Französisch	Spanisch	Italienisch	Englisch	Niederländisch
5	Italienisch	Englisch	Niederländisch	Niederländisch	Spanisch
6	Japanisch	Japanisch	Japanisch	Japanisch	Japanisch
7	Portugiesisch	Portugiesisch	Portugiesisch	Portugiesisch	Portugiesisch
8	Dänisch	Dänisch	Dänisch	Schwedisch	Dänisch
9	Schwedisch	Serbokroatisch	Finnisch	Polnisch	Schwedisch
10	Finnisch	Schwedisch	Polnisch	Neugriechisch	Finnisch

Rang	1991	1992	1993	1994	1995
1	Englisch	Italienisch	Englisch	Spanisch	Polnisch
2	Italienisch	Englisch	Französisch	Englisch	Englisch
3	Französisch	Spanisch	Niederländisch	Polnisch	Spanisch
4	Spanisch	Französisch	Italienisch	Französisch	Italienisch
5	Niederländisch	Niederländisch	Spanisch	Italienisch	Tschechisch
6	Polnisch	Polnisch	Polnisch	Niederländisch	Französisch
7	Japanisch	Japanisch	Tschechisch	Tschechisch	Niederländisch
8	Portugiesisch	Tschechisch	Ungarisch	Japanisch	Koreanisch
9	Tschechisch	Ungarisch	Japanisch	Ungarisch	Japanisch
10	Ungarisch	Dänisch	Neugriechisch	Russisch	Portugiesisch

Quelle: Lizenzumfrage des Börsenvereins des Deutschen Buchhandels e.V.

lich, wie stark sich die osteuropäischen Sprachen entwickelt haben. Waren 1987 weder Polnisch noch Tschechisch unter den zehn größten Sprachen vertreten, so erreichten diese beiden Sprachen im Jahr 1991 bereits Rang sechs und Rang neun. In 1995 belegten diese Sprachen gar die Ränge eins und fünf.

209 von insgesamt 457 an der Lizenzumfrage beteiligten Verlage vergaben 1995 Lizenzen ins Ausland. Erfaßt werden nur die auf freiwilliger Basis gemeldeten und im jeweiligen Berichtsjahr vergebenen Lizenzen. Co-Editionen und Co-Produktionen werden als Lizenzen gezählt, Einzelbeiträge hingegen bleiben unberücksichtigt.

Anteile über zehn Prozent entfielen 1995 auf die Sachgruppen „Belletristik"

(15,9 %), „Kinder- und Jugendliteratur" (14,7 %) sowie „Land- und Forstwirtschaft, Hauswirtschaft, Kochen" (10,1 %). Die beiden erstgenannten Sachgruppen verzeichneten Zuwächse um jeweils 2,8 Prozentpunkte. An den Lizenzvergaben in diese drei großen Sachgruppen hatten osteuropäische Länder deutlich überdurchschnittliche Anteile.

Anteile von mehr als fünf Prozent entfielen auf folgende Sachgruppen: „Medizin" (7,2 %), „Philosophie, Psychologie" (6,0 %) und „Religion, Theologie" (5,2 %).

Auf europäische Länder entfielen 1995 3.153 Lizenzvergaben. Das entspricht einem Anteil in Höhe von 75,6 %. Asiatische Länder waren mit anteilig 17,4 % vor den Staaten Amerikas (6,8 %) der zweitgrößte Abnehmerkontinent.

Tab. 37: Lizenzvergabe ins Ausland nach Sprachen und Sachgruppen 1995

Sachgruppe	Bulgarisch	Chinesisch	Dänisch	Deutsch	Englisch	Französisch	Indonesisch	Italienisch	Japanisch	Koreanisch	Lettisch	Neugriechisch	Niederländisch
Allgemeines, Buch und Schrift, Hochschulen	2	1	–	–	2	3	3	3	1	4	6	3	3
Religion, Theologie	3	4	4	–	33	10	1	26	8	2	1	2	7
Philosophie, Psychologie	2	11	3	–	29	19	–	22	19	9	–	4	12
Recht, Verwaltung	–	1	–	3	5	–	–	4	5	2	–	–	–
Wirtschafts- und Sozialwissenschaften, Statistik	2	11	–	6	8	1	–	4	13	2	–	1	5
Politik, Wehrwesen	1	–	–	–	4	5	–	3	1	–	–	1	2
Sprach- und Literaturwissenschaft	4	5	–	–	3	14	–	7	6	3	1	5	–
Belletristik	16	5	22	11	28	56	–	62	31	39	10	15	43
Kinder- und Jugendliteratur	3	12	28	4	16	55	45	37	36	41	6	19	46
Erziehung, Unterricht, Jugendpflege	–	–	1	5	2	3	–	3	5	2	1	1	7
Schulbücher	–	5	–	16	1	–	–	4	–	1	–	–	–
Bildende Kunst, Kunstgewerbe	–	–	–	–	12	9	–	1	5	–	–	–	4
Musik, Tanz, Theater, Film, Rundfunk	–	–	–	–	8	6	–	4	4	–	–	1	2
Geschichte, Kulturgeschichte, Volkskunde	4	3	–	2	16	7	–	29	11	2	1	2	6
Erd- und Völkerkunde, Reisen	–	–	–	7	51	12	–	3	1	–	–	1	24
Karten, Kartenwerke	–	–	–	–	4	1	–	1	–	–	1	–	1
Medizin	3	8	2	–	22	6	3	47	13	6	3	10	13
Naturwissenschaften	2	7	1	–	16	7	1	3	17	5	2	–	2
Mathematik, Informatik, Datenverarbeitung	1	10	1	–	37	1	6	3	9	5	–	4	5
Technik, Industrie, Gewerbe	–	7	1	2	16	2	2	1	2	1	–	3	12
Verkehr	–	–	–	–	–	–	–	–	–	–	–	–	–
Land- und Forstwirtschaft, Hauswirtschaft, Kochen	1	1	10	1	43	39	–	5	–	–	2	2	43
Turnen, Sport, Spiele	1	–	1	–	9	7	–	6	2	–	1	6	6
Kalender, Almanache	–	–	–	–	3	–	–	–	–	–	–	–	–
Verschiedenes	–	–	1	14	6	10	–	6	5	106	1	1	6
Insgesamt	**45**	**91**	**75**	**71**	**374**	**273**	**61**	**284**	**194**	**230**	**36**	**81**	**249**

Mit einem Anteil an allen Lizenzen insgesamt in Höhe von 11,1 % waren polnische Lizenznehmer (465 Lizenzen) die größten Abnehmer von Lizenzen aus Deutschland. Spanien, im Vorjahr noch größter Lizenznehmer, erreichte mit 8,2 % aller Lizenzen (341 Lizenzen) 1995 nur Rang zwei. Weitere wichtige Lizenznehmer waren Italien

Fortsetzung Tab. 37

Sachgruppe	Norwegisch	Polnisch	Portugiesisch	Rumänisch	Russisch	Schwedisch	Slowakisch	Spanisch	Tschechisch	Türkisch	Ungarisch	Übrige Sprachen*	Lizenzen insg.	Anteil Lizenzen in %
Allgemeines, Buch und Schrift, Hochschulen	–	39	–	1	–	–	1	8	4	1	3	8	96	2,3
Religion, Theologie	4	20	16	2	7	3	3	19	20	–	5	17	217	5,2
Philosophie, Psychologie	2	15	20	11	8	3	1	17	18	6	6	12	249	6,0
Recht, Verwaltung	–	1	4	–	–	–	–	3	–	–	2	–	30	0,7
Wirtschafts- und Sozialwissenschaften, Statistik	–	9	6	1	11	2	3	4	4	1	2	5	101	2,4
Politik, Wehrwesen	–	3	–	–	1	1	–	–	4	1	–	–	27	0,6
Sprach- und Literaturwissenschaft	3	16	10	3	4	3	–	7	1	3	4	13	115	2,8
Belletristik	8	41	12	6	18	13	13	56	66	15	24	53	663	15,9
Kinder- u. Jugendliteratur	24	20	17	–	22	6	30	34	19	12	21	59	612	14,7
Erziehung, Unterricht, Jugendpflege	–	10	–	4	3	4	1	–	4	–	3	9	68	1,6
Schulbücher	3	–	2	–	1	–	–	1	3	–	–	7	44	1,1
Bildende Kunst, Kunstgewerbe	3	8	6	–	2	–	3	8	5	–	5	1	72	1,7
Musik, Tanz, Theater, Film, Rundfunk	–	3	1	–	1	–	–	2	2	–	–	4	38	0,9
Geschichte, Kulturgeschichte, Volkskunde	–	11	2	2	5	–	2	11	19	4	4	7	150	3,6
Erd- und Völkerkunde, Reisen	–	7	40	–	21	–	–	16	3	–	20	–	206	4,9
Karten, Kartenwerke	–	–	2	–	–	–	–	–	–	–	–	–	10	0,2
Medizin	1	49	20	4	15	5	3	32	17	4	8	6	300	7,2
Naturwissenschaften	–	8	3	2	2	–	1	5	1	–	2	1	88	2,1
Mathematik, Informatik, Datenverarbeitung	–	7	–	–	24	–	–	1	–	–	2	3	119	2,9
Technik, Industrie, Gewerbe	–	8	1	3	5	1	1	8	6	–	7	4	93	2,2
Verkehr	–	–	–	–	–	–	–	5	–	–	–	–	5	0,1
Land- und Forstwirtschaft, Hauswirtschaft, Kochen	6	99	14	–	8	2	17	36	38	–	29	24	420	10,1
Turnen, Sport, Spiele	–	26	3	1	3	1	2	–	10	5	1	1	91	2,2
Kalender und Almanache	–	2	–	–	–	4	–	–	2	–	–	4	17	0,4
Verschiedenes	2	52	9	–	6	1	11	23	42	10	21	9	342	8,2
Insgesamt	**56**	**454**	**188**	**40**	**165**	**50**	**90**	**306**	**283**	**60**	**169**	**248**	**4.173**	**100,0**

* Sprachen, in die weniger als 30 Lizenzen vergeben wurden.   Quelle: Lizenzumfrage des Börsenvereins des Deutschen Buchhandels e.V., 1996

(284 Lizenzen), die Tschechische Republik (283 Lizenzen), Südkorea (231 Lizenzen), Frankreich (228 Lizenzen), die Niederlande (213 Lizenzen), Japan (197 Lizenzen), die Vereinigten Staaten von Amerika (177 Lizenzen) und Ungarn (170 Lizenzen). Erstmals vergaben deutsche Verlage mehr Lizenzen nach Südkorea als nach Japan.

Tab. 38: Lizenzvergabe ins Ausland nach Ländern 1991-1995

Länder	1991	1992	1993	1994	1995
Europa	**2.511**	**2.279**	**2.676**	**3.092**	**3.153**
Armenien	–	1	–	3	–
Belgien/Luxemburg	34	26	53	76	72
Bulgarien	21	33	28	64	45
Dänemark	115	75	69	66	81
Estland	–	2	17	10	30
Färöer	–	1	–	–	–
Finnland	65	59	67	81	28
Frankreich	283	231	321	247	228
Georgien	–	1	–	1	–
Griechenland	90	74	81	71	85
Großbritannien	114	124	200	142	100
Irland	2	–	–	–	1
Island	4	4	3	4	3
Italien	405	364	302	304	284
Jugoslawien	85	7	–	–	–
Kroatien	–	9	4	16	22
Lettland	–	1	12	29	36
Liechtenstein	–	–	–	–	15
Litauen	–	4	4	12	22
Niederlande	227	238	282	261	213
Norwegen	28	50	42	78	59
Österreich	12	7	19	17	13
Polen	199	178	259	362	465
Portugal	55	30	36	42	101
Rumänien	25	14	8	23	40
Rußland*	–	25	43	102	142
Schweden	58	69	39	48	45
Schweiz	38	28	29	32	32
Serbien u. Montenegro	–	–	1	1	3
Slowakei	–	–	66	91	95
Slowenien	–	26	35	26	27
Sowjetunion	78	2	–	–	–
Spanien	266	297	273	372	341
Tschechische Republik	–	–	169	284	283
Tschechoslowakei	161	168	–	–	–
Türkei	26	23	50	35	60
Ukraine	–	–	–	14	8
Ungarn	120	108	163	167	170
Vatikanstadt	–	–	–	1	–
Weißrußland	–	–	1	10	4
Afrika	**5**	**6**	**7**	**10**	**5**
Ägypten	–	2	3	–	1
Kenia	–	–	1	–	–
Marokko	–	–	–	–	2
Namibia	–	4	–	–	–
Südafrika	5	–	2	10	2
Tunesien	–	–	1	–	–
Amerika	**286**	**177**	**237**	**369**	**286**
Argentinien	10	5	7	17	7
Brasilien	76	30	43	60	88
Chile	1	7	1	4	1
Ecuador	–	–	–	1	–
Guatemala	–	–	–	1	–
Kanada	52	14	4	2	5
Kolumbien	3	–	4	21	–
Mexiko	11	8	28	53	7
Panama	3	–	–	–	–
Uruguay	–	–	–	–	1
USA	127	113	150	210	177
Venezuela	3	–	–	–	–
Asien	**377**	**285**	**283**	**398**	**728**
China	125	47	33	45	53
Hongkong	12	11	7	10	69
Indien	10	25	24	34	14
Indonesien	20	16	10	14	61
Iran	1	–	–	–	–
Israel	8	8	9	12	12
Japan	157	145	151	168	197
Jordanien	–	–	–	–	1
Libanon	–	–	–	10	12
Malaysia	3	1	–	2	2
Mongolei	–	–	–	–	1
Pakistan	–	–	–	–	1
Philippinen	–	–	–	–	17
Saudi-Arabien	–	–	–	–	2
Singapur	1	–	–	1	1
Sri Lanka	–	1	–	1	–
Südkorea	17	21	27	51	231
Taiwan	23	9	18	47	41
Thailand	–	1	3	1	13
Vietnam	–	–	–	2	–
Australien	**4**	**1**	**–**	**–**	**1**
Australien	4	1	–	–	1
Insgesamt	**3.183**	**2.748**	**3.203**	**3.869**	**4.173**

*1992: Russische Föderation.

Quelle: Lizenzumfrage des Börsenvereins des Deutschen Buchhandels e.V.

8. PREISE

Erstmals weist das Statistische Bundesamt für das Berichtsjahr 1995 einen reinen Buchpreisindex aus. Auf dieser Basis (Buchpreisindex für die Lebenshaltung aller privaten Haushalte) ergab sich eine Zuwachsrate in Höhe von 3,9 % zum Vorjahr. Der Durchschnittsladenpreis aller 1995 lieferbaren 695.921 Bücher erhöhte sich im Vergleich zum Vorjahr um 5,6 %. Bei dieser Meßzahl handelt es sich um einen Angebotspreisindex, der bei der Berechnung des durchschnittlichen Ladenpreises jedem Titel das gleiche Gewicht beimißt. Auflagen bzw. Verkaufszahlen der einzelnen Titel bleiben bei diesem Index folglich unberücksichtigt. Der absolute Mittelwert stellt aufgrund zahlreicher hochpreisiger Bücher, die in diesen Preisindex eingehen und einen vergleichsweise hohen durchschnittlichen Ladenpreis zur Folge haben, keine aussagekräftige Planungsgröße dar.

Aufschlußreiche Informationen über das Preisverhalten der Verlage geben die vorliegenden jährlichen Steigerungsraten dieses Indexes. Nachdem der durchschnittliche Ladenpreis aller lieferbaren Titel in den Jahren 1993 und 1994 Zuwachsraten von 0,2 % und 1,0 % aufgewiesen hatte, wurden für 1995 deutlich beschleunigte Zuwächse der Angebotspreise ermittelt.

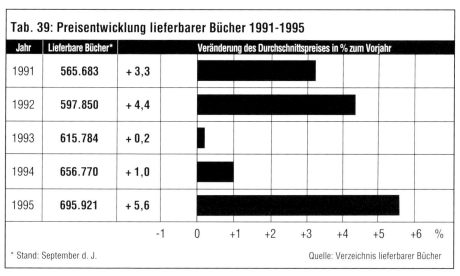

Tab. 39: Preisentwicklung lieferbarer Bücher 1991-1995

Jahr	Lieferbare Bücher*	Veränderung des Durchschnittspreises in % zum Vorjahr
1991	565.683	+ 3,3
1992	597.850	+ 4,4
1993	615.784	+ 0,2
1994	656.770	+ 1,0
1995	695.921	+ 5,6

* Stand: September d. J. Quelle: Verzeichnis lieferbarer Bücher

Der Durchschnittspreis aller 1995 in der Bundesrepublik Deutschland veröffentlichten Einzeltitel lag - nicht nach Auflagen oder Verkaufszahlen gewichtet - bei 38,91 DM. Dieser Wert, der sich auf Erst- und Neuauflagen bezieht, ist nicht identisch mit dem durchschnittlich gezahlten Ladenpreis, der maßgeblich von der Zahl der verkauften (auch älteren) Titel bestimmt wird.

Den von 36,07 DM um 7,9 % auf 38,91 DM im Jahr 1995 erhöhten Durchschnittsladenpreis der Neuerscheinungen steht ein nur um 4,5 % auf 2,53 DM je 16 Seiten gestiegener durchschnittlicher Bogenpreis gegenüber. Die Neuerscheinungen sind 1995 folglich teurer geworden, sie hatten aber auch einen größeren Umfang als ein Jahr zuvor.

Tab. 40: Durchschnittspreise der Neuerscheinungen nach Sachgruppen 1995 (in DM)

Sachgruppe	durchschnittlicher Preis je Titel	durchschnittlicher Preis je Bogen*
DK 0: Allgemeines	**22,25**	**2,36**
1 Wissenschaft und Kultur allgemein	36,43	1,99
2 Schrift, Buch, Bibliothek, Information und Dokumentation	35,04	3,44
3 Nachschlagewerke, Bibliographien	151,78	4,90
4 Adreßbücher, Telefonbücher	24,77	6,79
5 Kalender	12,80	0,75
6 Publizistik	45,91	2,66
7 Kinder- und Jugendliteratur	14,66	1,97
8 Comics, Cartoons, Karikaturen	19,22	3,72
DK 1: Philosophie, Psychologie	**34,49**	**1,96**
9 Grenzgebiete der Wissenschaft und Esoterik	24,54	1,63
10 Philosophie	45,35	2,33
11 Psychologie	29,44	1,91
DK 2: Religion, Theologie	**36,75**	**2,49**
12 Christliche Religion	36,23	2,55
13 Allgemeine und vergleichende Religionswissenschaft, nichtchristliche Religionen	39,27	2,26
DK 3: Sozialwissenschaften	**42,81**	**2,79**
14 Soziologie, Gesellschaft	32,40	2,00
15 Statistik	60,08	3,98
16 Politik	30,26	1,87
17 Wirtschaft	58,90	3,23
18 Arbeit	32,53	2,31
19 Recht	78,92	3,28
20 Öffentliche Verwaltung	40,93	3,42
21 Militär	42,06	1,99
22 Erziehung, Bildung, Unterricht	34,23	2,56
23 Schulbücher	22,55	2,61
24 Berufsschulbücher	29,26	2,36
25 Volkskunde, Völkerkunde	33,79	2,19
DK 5: Mathematik, Naturwissenschaften	**104,25**	**5,11**
26 Natur, Naturwissenschaften allgemein	53,98	2,43
27 Mathematik	56,10	2,65
28 Informatik, Datenverarbeitung	43,54	1,92
29 Physik, Astronomie	157,79	7,90
30 Chemie	354,24	17,84
31 Geowissenschaften	73,63	4,32
32 Biologie	64,03	3,55

Fortsetzung Tab. 40

Sachgruppe	durchschnittlicher Preis je Titel	durchschnittlicher Preis je Bogen*
DK 6: Angewandte Wissenschaften, Medizin, Technik	57,54	3,84
33 Medizin	65,50	3,78
34 Tiermedizin	93,59	4,73
35 Technik allgemein	103,94	4,43
36 Energie-, Maschinen-, Fertigungstechnik	72,90	4,43
37 Elektrotechnik	62,24	3,16
38 Bergbau, Bautechnik, Umwelttechnik	84,37	5,30
39 Landwirtschaft, Garten	43,34	3,52
40 Hauswirtschaft, Kochen, Hotel- und Gaststättengewerbe	25,75	2,38
41 Nachrichten- und Verkehrswesen	44,66	3,73
42 Technische Chemie, Lebensmitteltechnologie, Textiltechnik und andere Technologien	118,71	6,15
43 Basteln, Handarbeit, Heimwerken	24,17	3,90
44 Umweltschutz, Raumordnung, Landschaftsgestaltung	55,63	3,61
DK 7: Kunst, Kunstgewerbe, Photographie, Musik, Spiel, Sport	56,48	4,27
45 Architektur	65,03	4,94
46 Bildende Kunst	87,86	7,57
47 Photographie	45,98	4,19
48 Musik	37,04	2,19
49 Theater, Tanz, Film	29,40	1,72
50 Sport, Spiele	28,83	2,49
DK 8: Sprach- und Literaturwissenschaft, Belletristik	21,07	1,12
51 Allgemeine und vergleichende Sprach- und Literaturwissenschaft	40,11	1,86
52 Englische Sprach- und Literaturwissenschaft	30,20	1,44
53 Deutsche Sprach- und Literaturwissenschaft	37,20	2,09
54 Sprach- und Literaturwissenschaft der übrigen germanischen Sprachen	25,21	1,66
55 Romanische Sprach- und Literaturwissenschaft	37,07	1,66
56 Klassische Sprach- und Literaturwissenschaft	48,02	2,39
57 Slawische und baltische Sprach- und Literaturwissenschaft	36,14	1,73
58 Sprach- und Literaturwissenschaft sonstiger Sprachen	67,02	3,24
59 Belletristik	18,09	0,97
DK 9: Geographie, Geschichte	42,71	2,43
60 Archäologie, Vor- und Frühgeschichte	86,28	5,56
61 Geographie, Heimat- und Länderkunde, Reisen	33,96	2,87
62 Atlanten	74,38	3,42
63 Geschichte und historische Hilfswissenschaften	46,19	2,09
64 Sozialgeschichte	47,29	2,36
65 Wirtschaftsgeschichte	54,12	2,51
Insgesamt	38,91	2,53

* Preise der Titel durch 1/16 der entsprechenden Seitenzahl.

Quelle: Wöchentliches Verzeichnis der Deutschen Nationalbibliographie, 1995; Berechnungen: Börsenverein des Deutschen Buchhandels e.V.

Tab. 41: Preisgruppenanteile in den Sachgruppen 1995 (in %)

Sachgruppe	bis 5,- DM	über 5,- DM bis 10,- DM	über 10,- DM bis 15,- DM	über 15,- DM bis 25,- DM	über 25,- DM bis 50,- DM	über 50,- DM bis 100,- DM	über 100,- DM
DK 0: Allgemeines	6,1	30,3	18,3	28,6	11,7	2,9	2,0
1 Wissenschaft und Kultur allgemein	2,4	4,1	18,2	26,7	29,1	15,2	4,4
2 Schrift, Buch, Bibliothek, Information und Dokumentation	2,9	16,2	9,0	23,3	18,1	17,6	12,9
3 Nachschlagewerke, Bibliographien	0,6	16,6	16,0	6,5	5,9	16,6	37,9
4 Adreßbücher, Telefonbücher	–	–	–	100,0	–	–	–
5 Kalender	–	–	75,0	–	–	25,0	–
6 Publizistik	1,8	2,2	4,0	17,0	44,6	24,1	6,3
7 Kinder- und Jugendliteratur	7,0	36,8	19,4	28,9	8,0	–	–
8 Comics, Cartoons, Karikaturen	6,0	13,6	19,5	39,5	19,5	1,6	0,3
DK 1: Philosophie, Psychologie	1,4	5,5	17,9	22,5	34,8	14,1	3,8
9 Grenzgebiete der Wissenschaft und Esoterik	3,7	8,7	29,0	22,6	29,9	5,4	0,7
10 Philosophie	1,2	5,5	7,4	19,6	33,0	23,0	10,3
11 Psychologie	0,6	4,4	20,0	24,2	37,4	12,1	1,3
DK 2: Religion, Theologie	8,0	10,2	11,0	25,5	26,4	12,5	6,6
12 Christliche Religion	9,0	11,2	10,3	25,0	26,2	12,5	6,0
13 Allgemeine und vergleichende Religionswissenschaft, nichtchristliche Religionen	2,2	4,1	15,1	28,5	27,3	12,7	10,1
DK 3: Sozialwissenschaften	1,4	5,8	8,5	19,2	34,6	23,4	7,1
14 Soziologie, Gesellschaft	1,2	4,4	14,1	21,8	43,5	12,2	2,7
15 Statistik	–	–	9,1	18,2	36,4	31,8	4,5
16 Politik	3,4	4,2	11,3	24,5	41,5	13,7	1,5
17 Wirtschaft	0,6	2,2	4,6	11,1	29,5	41,4	10,5
18 Arbeit	2,6	3,4	14,7	20,0	38,9	18,5	1,9
19 Recht	0,7	3,3	5,6	11,4	28,0	35,9	15,1
20 Öffentliche Verwaltung	3,9	1,3	11,7	14,3	42,9	20,8	5,2
21 Militär	1,1	5,4	10,1	27,9	31,5	19,6	4,3
22 Erziehung, Bildung, Unterricht	1,8	4,1	7,5	25,7	46,6	11,9	2,4
23 Schulbücher	2,4	17,6	13,2	32,0	33,5	1,3	0,1
24 Berufsschulbücher	1,7	5,2	12,6	26,0	46,0	7,8	0,7
25 Volkskunde, Völkerkunde	2,4	3,1	10,2	18,9	41,7	20,5	3,1
DK 5: Mathematik, Naturwissenschaften	0,3	1,5	3,2	13,9	32,8	30,2	18,1
26 Natur, Naturwissenschaften allgemein	2,6	2,6	7,9	13,2	36,8	21,1	15,8
27 Mathematik	–	0,3	0,8	7,6	35,6	40,4	15,3
28 Informatik, Datenverarbeitung	–	0,8	3,6	23,4	36,1	27,9	8,3
29 Physik, Astronomie	0,6	1,6	3,6	8,3	28,0	34,8	23,1
30 Chemie	–	0,6	0,3	1,2	24,2	29,3	44,4
31 Geowissenschaften	0,4	2,5	5,3	13,1	24,0	31,8	23,0
32 Biologie	1,0	3,4	3,7	9,9	36,4	25,9	19,7

Fortsetzung Tab. 41

Sachgruppe	bis 5,- DM	über 5,- DM bis 10,- DM	über 10,- DM bis 15,- DM	über 15,- DM bis 25,- DM	über 25,- DM bis 50,- DM	über 50,- DM bis 100,- DM	über 100,- DM
DK 6: Angewandte Wissenschaften, Medizin, Technik	1,7	6,1	9,0	15,2	28,0	17,8	22,2
33 Medizin	1,1	3,3	9,6	19,2	32,3	18,7	15,9
34 Tiermedizin	–	3,7	2,4	9,8	32,9	29,3	22,0
35 Technik allgemein	–	2,2	1,1	3,4	29,1	36,3	27,9
36 Energie-, Maschinen-, Fertigungstechnik	2,7	7,7	2,0	9,5	19,4	34,8	23,8
37 Elektrotechnik	0,4	1,6	4,9	10,8	27,9	39,5	14,9
38 Bergbau, Bautechnik, Umwelttechnik	0,6	1,4	1,9	5,2	56,3	22,2	12,3
39 Landwirtschaft, Garten	2,4	5,1	14,8	22,0	30,5	18,1	7,1
40 Hauswirtschaft, Kochen, Hotel- und Gaststättengewerbe	8,7	14,7	21,3	22,3	26,2	6,0	0,9
41 Nachrichten- und Verkehrswesen	2,8	4,9	5,9	21,0	32,4	29,3	3,7
42 Technische Chemie, Lebensmitteltechnologie, Textiltechnik und andere Technologien	2,2	1,8	1,5	5,9	21,0	32,8	34,7
43 Basteln, Handarbeit, Heimwerken	0,6	27,6	21,4	26,3	21,5	2,4	0,1
44 Umweltschutz, Raumordnung, Landschaftsgestaltung	1,5	2,8	6,1	12,3	43,3	25,5	8,6
DK 7: Kunst, Kunstgewerbe, Photographie, Musik, Spiel, Sport	13,4	6,7	6,9	15,8	34,2	16,7	6,3
45 Architektur	38,2	6,1	2,2	4,3	32,1	12,1	4,9
46 Bildende Kunst	1,5	6,9	5,5	14,8	31,6	26,5	13,1
47 Photographie	0,5	5,4	5,4	13,0	46,2	27,7	1,6
48 Musik	3,0	8,1	9,8	21,3	28,9	20,9	7,9
49 Theater, Tanz, Film	4,8	7,3	13,8	23,4	36,9	11,3	2,5
50 Sport, Spiele	2,9	6,7	12,4	29,9	40,9	6,9	0,3
DK 8: Sprach- und Literaturwissenschaft, Belletristik	3,5	18,0	29,8	23,0	17,6	5,7	2,5
51 Allgemeine und vergleichende Sprach- u. Literaturwissenschaft	1,1	4,2	6,1	19,9	36,0	21,5	11,1
52 Englische Sprach- und Literaturwissenschaft	1,4	8,0	17,3	24,2	25,6	18,3	5,2
53 Deutsche Sprach- und Literaturwissenschaft	1,7	7,3	12,8	20,1	26,5	22,1	9,5
54 Sprach- und Literaturwissenschaft der übrigen germanischen Sprachen	10,4	6,2	10,4	33,3	29,2	6,2	4,2
55 Romanische Sprach- und Literaturwissenschaft	2,0	7,2	13,6	21,4	23,1	23,4	9,2
56 Klassische Sprach- und Literaturwissenschaft	3,5	5,3	8,0	9,7	20,4	37,2	15,9
57 Slawische und baltische Sprach- und Literaturwissenschaft	1,9	3,8	13,3	18,1	34,3	20,0	8,6
58 Sprach- und Literaturwissenschaft sonstiger Sprachen	–	3,7	6,8	14,3	23,0	32,3	19,9
59 Belletristik	3,9	21,1	34,5	23,8	15,1	1,1	0,5
DK 9: Geographie, Geschichte	2,0	14,9	10,8	19,6	32,3	13,6	6,7
60 Archäologie, Vor- und Frühgeschichte	2,0	2,9	3,7	6,5	18,0	30,2	36,7
61 Geographie, Heimat- und Länderkunde, Reisen	0,8	6,6	14,4	23,6	45,5	7,7	1,4
62 Atlanten	8,6	70,5	13,1	5,2	1,8	0,2	0,7
63 Geschichte und historische Hilfswissenschaften	0,8	3,4	7,7	23,5	33,7	21,0	10,0
64 Sozialgeschichte	–	1,9	9,6	21,7	35,8	20,4	10,5
65 Wirtschaftsgeschichte	0,8	1,6	3,1	12,5	25,8	39,1	17,2
Insgesamt	3,6	11,8	14,5	20,6	27,7	15,2	6,8

Quelle: Wöchentliches Verzeichnis der Deutschen Nationalbibliographie, 1995; Berechnungen: Börsenverein des Deutschen Buchhandels e.V.

9. ZEITSCHRIFTEN

Seit 1991 liefert die vom Statistischen Bundesamt herausgegebene Pressestatistik Zahlen zum gesamtdeutschen Pressemarkt. Die 1991 sprunghaft um 205 Unternehmen angestiegene Zahl der Firmen, die Zeitungen und Zeitschriften verlegen, hat sich 1993 erneut verringert. Während sich die Zahl dieser Verlage bereits in den Jahren 1992 und 1993 um 36 bzw. 44 Firmen reduziert hatte, sank sie 1994 um weitere 50 Unternehmen.

Mit 289.297 Beschäftigten, das waren 5,9 % weniger als im Vorjahr, realisierten die Unternehmen im gesamten Bundesgebiet 1994 ein Umsatzvolumen in Höhe von 49,0 Milliarden DM. Damit wuchs die Branche gegenüber dem Vorjahr um 2,7 %. Bereinigt um die reduzierte Firmenzahl ergab sich für die 3.160 Unternehmen ein durchschnittliches Umsatzwachstum von 4,3 % je Unternehmen. Mit +1,0 % lag die Zuwachsrate der Kosten für Personal, Druckpapier, Fremdleistungen der technischen Herstellung und Vertrieb leicht über dem Umsatzzuwachs.

Von 1993 auf 1994 ist die Zahl der Zeitschriften um 110 Titel gesunken. Die Gesamtauflage je Erscheinungstag nahm

Tab. 42: Unternehmen, die Zeitungen und Zeitschriften verlegen 1990-1994

Jahr*	Unternehmen*	Beschäftigte**	Zeitungen**	Zeitschriften**	Umsatz in Mio. DM	ausgewählte Kosten*** in Mio. DM
1990	3.085	284.028	1.233	8.106	41.816	21.906
1991	3.290	321.853	1.480	8.740	45.542	25.002
1992	3.254	321.429	1.477	9.010	47.355	25.902
1993	3.210	307.528	1.460	9.203	47.697	26.177
1994	3.160	289.297	1.436	9.093	48.964	26.439

* Seit 1991 inkl. neue Bundesländer.
** Stand: 31.12. d. J.
*** Für Personal, Druckpapier, Fremdleistungen der technischen Herstellung, Vertrieb.

Quelle: Pressestatistik

Tab. 43: Unternehmen, Beschäftigte, Umsatz, verlegte Zeitungen und Zeitschriften nach Verlagsarten 1994

Verlagsart	Unternehmen* am 31.12.1994 insgesamt	davon mit eigener Druckerei	Beschäftigte am 31.12.1994 insgesamt	davon in der Redaktion	Umsatz in Mio. DM**	Verlegte Zeitungen***	Verlegte Zeitschriften
Zeitungsverlage	325	167	126.555	20.939	20.839	359	445
Zeitschriftenverlage	1.951	158	110.712	13.120	16.558	2	6.365
Sonstige Verlage	385	39	25.996	1.692	6.202	1	1.418
Verlage insgesamt	**2.661**	**364**	**263.263**	**35.751**	**43.599**	**362**	**8.228**
Unternehmen außerhalb des Verlagsgewerbes	499	265	26.034	1.375	5.365	19	865

* Soweit sie Zeitungen und Zeitschriften verlegen.
** Ohne Mehrwertsteuer.
*** Nur Hauptausgaben.

Quelle: Pressestatistik, 1996

im vierten Quartal im Vergleich zum Vorjahr um 2,4 % ab. Dabei ging die Zahl der Verkaufsexemplare zurück und erreichte einen Anteil von 39,7 % an der Gesamtauflage. Die Zahl der unentgeltlich abgegebenen Exemplare stieg 1994 um 1,8 Prozentpunkte auf einen Anteil in Höhe von 60,3 %.

Während wissenschaftliche Zeitschriften, Publikumszeitschriften, Anzeigenblätter und Kundenzeitschriften insbesondere

Tab. 44: Anteil der Umsatzarten am Gesamtumsatz nach Verlagsarten 1994 (in %)

Verlagsart	Vertrieb			Anzeigen			Druckerei	sonstiger Umsatz	Umsatz* absolut in Mio. DM
	eigene Zeitungen	eigene Zeitschriften	sonst. eigene Verlagserzeugnisse	eigene Zeitungen	eigene Zeitschriften	sonst. eigene Verlagserzeugnisse			
Zeitungsverlage	29,9	2,9	0,3	49,5	4,1	0,4	8,3	4,6	20.839
Zeitschriftenverlage	0,0	36,1	6,4	0,0	45,6	1,0	5,0	5,8	16.558
Sonstige Verlage**	0,0	10,0	69,8	0,0	5,4	6,1	1,5	7,2	6.202
Verlage insgesamt	14,3	16,5	12,5	23,7	20,1	1,4	6,1	5,5	43.599
Unternehmen außerhalb des Verlagsgewerbes**	2,2	4,1	2,6	3,5	4,0	0,5	39,5	43,5	5.365

* Ohne Mehrwertsteuer.
** Soweit sie Zeitungen und Zeitschriften verlegen.
Quelle: Pressestatistik, 1996

Tab. 45: Ausgewählte Kosten nach Verlagsarten 1994 (in Mio. DM)

Verlagsart	Personalkosten			Druckpapierkosten	Zustellkosten**	Fremdleistungen der technischen Herstellung***
	Löhne und Gehälter*	Sozialkosten	insgesamt			
Zeitungsverlage	6.140	1.318	7.459	1.571	1.922	2.154
Zeitschriftenverlage	3.373	705	4.078	1.325	1.239	3.507
Sonstige Verlage	1.060	218	1.278	249	157	334
Verlage insgesamt	10.574	2.241	12.815	3.145	3.317	5.995
Unternehmen außerhalb des Verlagsgewerbes	1.314	268	1.582	509	94	188

* Ohne Löhne für Zusteller.
** Einschließlich Löhne für Zusteller im Arbeitnehmerverhältnis.
*** Nur für eigene Zeitungen und Zeitschriften.
Quelle: Pressestatistik, 1996

Tab. 46: Auflage je Erscheinungstag* nach Vertriebswegen und Art der Zeitschrift 1994 (in 1.000)

Art der Zeitschrift	Einzelverkauf	Abonnement					Verkaufte Auflage	Unentgelt. abgegebene Auflage	Gesamtauflage
		eigenes Vertriebssystem	Postzustellung	Lesezirkel	übrige Zustellungsformen	insgesamt			
Zeitschriften insgesamt	75.460	3.424	66.169	3.302	5.499	78.394	153.854	234.014	387.867
Publikumszeitschriften	68.750	342	30.136	3.018	2.115	35.611	104.361	26.419	130.780
Wissenschaftliche Zeitschriften	1.310	34	6.623	2	161	6.821	8.131	3.743	11.874
Fachzeitschriften	2.858	579	24.434	187	1.529	26.729	29.586	47.147	76.733

* Durchschnittliche Auflage je Erscheinungstag im 4. Vierteljahr.
Quelle: Pressestatistik, 1996

Tab. 47: Zeitschriftenauflage* 1990-1994

Jahr**	Auflage in 1.000	verkaufte Auflage in 1.000	unentgeltlich abgegebene Auflage in 1.000	Anteil verkaufter Auflage an Auflage insgesamt in %
1990	327.828	169.885	157.943	52
1991	386.907	160.730	226.177	42
1992	395.035	164.914	230.122	42
1993	397.373	164.863	232.510	41
1994	387.867	153.854	234.014	40

* Durchschnittliche Auflage je Erscheinungstag im 4. Vierteljahr.
** Seit 1991 inkl. neue Bundesländer.
Quelle: Pressestatistik

durch eine reduzierte Zahl unentgeltlich abgegebener Exemplare verminderte Auflagen je Erscheinungstag verzeichneten, wurden für Fachzeitschriften um 4,9 % erhöhte Auflagen gemeldet. Dafür war allerdings allein die um 16,9 % gestiegene unentgeltlich abgegebene Auflage verantwortlich.

49,0 % aller verkauften Zeitschriftenexemplare wurden 1994 im Einzelverkauf abgesetzt. Damit lag der Anteil nach wie vor deutlich über der Quote von rund 39 %, die vor der Einbeziehung der Firmen aus den neuen Bundesländern in die Pressestatistik üblich war. Gegenüber dem Vorjahr (46,8 %) hat sich der Anteil der im Einzelverkauf abgesetzten Exemplare weiter erhöht.

Auf wissenschaftliche Zeitschriften entfiel 1994 ein Umsatz in Höhe von 1,455 Milliarden DM. Im Vergleich zum Vorjahr ergab sich ein Umsatzzuwachs um 2,2 %. Der Umsatzanteil wissenschaftlicher Zeitschriften am gesamten Zeitschriftenmarkt verminderte sich von 9,0 % in 1993 auf 8,9 %. Mit Fachzeitschriften wurden 1994 2,508 Milliarden DM umgesetzt. Hier ergab sich ein Umsatzzuwachs um 6,6 %. Am gesamten Zeitschriftenumsatz gemessen verzeichneten die Fachzeitschriften einen von 14,8 % im Jahr 1993 auf 15,3 % erhöhten Umsatzanteil.

Tab. 48: Zeitschriften, Auflage und Umfang nach Art der Zeitschrift 1994

Art der Zeitschrift	Verlegte Zeitschriften am 31.12.1994	Auflage je Erscheinungstag* in 1.000	Umfang des Jahrgangs in 1.000			Seitenzahl der Jahresauflage in Mio.	Jahresauflage** in Mio.
			Textseiten	Anzeigenseiten	insgesamt		
Politische Wochenblätter	96	2.769	77	39	116	15.207	145,8
Konfessionelle Zeitschriften	337	6.405	158	15	173	4.803	176,3
Publikumszeitschriften	1.673	130.780	1.080	332	1.411	320.668	3.282,5
davon: Illustrierte, Magazine, Programmzeitschriften	333	44.615	266	103	369	162.499	1.653,8
Wissenschaftliche Zeitschriften	1.752	11.874	1.252	161	1.413	14.387	200,1
Fachzeitschriften	1.837	76.733	1.302	388	1.690	41.089	842,7
Kundenzeitschriften	126	50.510	24	6	30	14.280	602,6
Amtliche Blätter	1.350	3.374	910	308	1.217	4.185	144,4
Anzeigenblätter	1.436	85.809	537	868	1.405	104.341	4.243,6
Kostenlos verteilte kommunale Amtsblätter	433	2.672	191	98	290	2.238	80,9
Sonstige Zeitschriften	53	16.941	26	12	38	39.802	819,6
Zeitschriften insgesamt	**9.093**	**387.867**	**5.558**	**2.225**	**7.783**	**561.001**	**10.538,4**

* Durchschnitt des 4. Vierteljahres.
** Auflage im Jahresdurchschnitt x Anzahl der Erscheinungstage.
Quelle: Pressestatistik, 1996

Anmerkungen zur Pressestatistik: Diese Vollerhebung unter sämtlichen Unternehmen, die Zeitungen oder Zeitschriften verlegen, berücksichtigt ausschließlich Presseerzeugnisse, die mindestens viermal jährlich erscheinen. Nicht enthalten sind zeitschriftenähnlich verbreitete Partworks, Loseblatt-Sammlungen sowie im Ausland verlegte Publikationen.

Tab. 49: Zeitschriften, Auflage und Umsatz nach Auflagengrößenklassen 1994

Auflagengrößenklasse	Verlegte Zeitschriften am 31.12.1994	Zeitschriften mit verlagseigener Redaktion	Durchschnittliche Auflage je Erscheinungstag im 4. Vierteljahr in 1.000				Umsatz in Mio. DM*		
			Verkaufte Auflage			unentgeltlich abgegebene Auflage	Vertrieb	Anzeigen	insgesamt
			Einzelverkauf	Abonnement	insgesamt				
unter 1.500	2.200	888	85	1.377	1.462	185	267	77	344
1.500-2.500	913	447	72	1.248	1.320	454	114	77	190
2.500-5.000	1.278	795	233	2.624	2.856	1.710	241	232	474
5.000-10.000	1.200	892	603	3.804	4.407	4.171	314	424	738
10.000-25.000	1.443	1.139	2.525	6.767	9.292	13.595	510	960	1.470
25.000-50.000	897	708	4.144	7.580	11.725	20.134	616	1.235	1.851
50.000-75.000	370	299	3.959	4.692	8.651	13.692	341	664	1.005
75.000-125.000	335	271	7.667	8.219	15.887	15.816	531	787	1.318
125.000-250.000	213	182	8.468	8.021	16.490	19.885	570	921	1.491
250.000-500.000	114	93	10.729	8.381	19.110	20.556	652	770	1.423
über 500.000	130	110	36.973	25.680	62.652	123.816	3.278	2.819	6.097
Insgesamt	9.093	5.824	75.460	78.394	153.854	234.014	7.435	8.964	16.399

* Ohne Mehrwertsteuer. Quelle: Pressestatistik, 1996

Tab. 50: Zeitschriften, Auflage und Umsatz nach Erscheinungsweise 1994

Erscheinungsweise	Verlegte Zeitschriften am 31.12.1994	Zeitschriften mit verlagseigener Redaktion	Durchschnittliche Auflage je Erscheinungstag im 4. Vierteljahr in 1.000				Umsatz in Mio. DM*		
			Verkaufte Auflage			unentgeltlich abgegebene Auflage	Vertrieb	Anzeigen	insgesamt
			Einzelverkauf	Abonnement	insgesamt				
2x wöchentlich und mehr	94	68	237	961	1.198	3.155	185	321	506
Wöchentlich	2.723	1.864	32.224	17.477	49.701	93.329	3.556	4.983	8.539
Halbmonatlich	683	467	10.515	6.304	16.819	12.894	928	1.016	1.944
Monatlich	3.056	2.061	21.441	34.406	55.847	50.197	2.111	2.257	4.368
6-8x jährlich	1.264	730	5.233	11.951	17.183	44.235	438	262	700
Vierteljährlich	1.273	634	5.810	7.296	13.105	30.205	217	125	342
Insgesamt	9.093	5.824	75.460	78.394	153.854	234.014	7.435	8.964	16.399

* Ohne Mehrwertsteuer. Quelle: Pressestatistik, 1996

Tab. 51: Zeitschriften, Auflage und Umsatz nach Art der Zeitschrift 1994

Art der Zeitschrift	Verlegte Zeitschriften am 31.12.1994	Zeitschriften mit verlagseigener Redaktion	Durchschnittliche Auflage je Erscheinungstag im 4. Vierteljahr in 1.000				Umsatz in Mio. DM*		
			Verkaufte Auflage			unentgeltlich abgegebene Auflage	Vertrieb	Anzeigen	insgesamt
			Einzelverkauf	Abonnement	insgesamt				
Politische Wochenblätter	96	87	833	1.099	1.932	837	219	338	557
Konfessionelle Zeitschriften	337	203	165	5.676	5.841	564	242	28	270
Publikumszeitschriften	**1.673**	**1.252**	**68.750**	**35.611**	**104.361**	**26.419**	**4.747**	**3.274**	**8.021**
Illustrierte, Magazine usw.	333	290	26.773	11.949	38.722	5.893	2.226	1.313	3.539
Motor, Reise, Freizeit, Hobby	416	344	10.019	6.190	16.209	13.893	604	614	1.218
Frauen, Familie, Mode, Wohnen	108	91	20.896	8.644	29.541	1.066	1.109	911	2.020
Politik, Kultur, Populärwissenschaften	440	272	1.314	4.031	5.345	4.446	231	275	506
Sport	239	146	1.775	2.225	4.000	752	171	109	280
Wissenschaftliche Zeitschriften	**1.752**	**787**	**1.310**	**6.821**	**8.131**	**3.743**	**804**	**651**	**1.455**
Sprach- und Kulturwissenschaften	128	39	19	254	273	30	18	5	23
Rechts-, Wirtschafts-, Gesellschaftswissenschaften	556	305	670	2.847	3.517	833	387	139	526
Mathematik und Naturwissenschaft	257	62	288	469	757	167	144	70	214
Medizin	510	186	221	1.971	2.192	1.876	152	276	428
Agrar-, Forst-, Ernährungswissenschaft	82	40	46	403	449	79	23	18	41
Ingenieurwissenschaft	219	155	67	876	943	757	81	144	225
Fachzeitschriften	**1.837**	**1.335**	**2.858**	**26.729**	**29.586**	**47.147**	**1.021**	**1.486**	**2.508**
Kundenzeitschriften	126	97	1	27	28	50.482	181	76	258
Amtliche Blätter	1.350	597	122	2.333	2.455	919	87	126	213
Anzeigenblätter	1.436	1.227	1.418	10	1.428	84.381	89	2.709	2.798
Kostenlos verteilte kommunale Amtsblätter	433	204	–	–	–	2.672	–	53	53
Sonstige Zeitschriften	53	35	3	89	92	16.850	43	223	266
Zeitschriften insgesamt	**9.093**	**5.824**	**75.460**	**78.394**	**153.854**	**234.014**	**7.435**	**8.964**	**16.399**

* Ohne Mehrwertsteuer. Quelle: Pressestatistik, 1996

Ein Vergleich der Pressestatistik mit den nachfolgend dargestellten Ergebnissen der Umsatzsteuerstatistik der Fachzeitschriftenverlage ist nur sehr bedingt möglich. So weist die Pressestatistik sämtliche Umsätze mit Fach- und wissenschaftlichen Zeitschriften unabhängig vom Schwerpunkt der Firmenaktivitäten aus. Die Umsatzsteuerstatistik hingegen erfaßt das gesamte Umsatzvolumen aller Unternehmen, deren Firmenschwerpunkt das Verlegen von Fachzeitschriften ist. Hier sind folglich auch Umsätze mit anderen Produkten enthalten.

725 Fachzeitschriftenverlage in beiden

Teilen Deutschlands erzielten 1992 der Umsatzsteuerstatistik zufolge ein Umsatzvolumen in Höhe von 5,2 Milliarden DM (ohne Mehrwertsteuer). In dieser Erhebung des Statistischen Bundesamtes werden sämtliche Unternehmen mit dem Firmenschwerpunkt Fachzeitschriften erfaßt, die mindestens einen Jahresumsatz von

Tab. 52: Steuerpflichtige Fachzeitschriftenverlage* nach Umsatzgrößenklassen und Bundesländern 1992

Umsatzgrößenklasse** von ... bis unter ... DM	Baden-Württemberg	Bayern	Berlin	Brandenburg	Bremen	Hamburg	Hessen	Mecklenburg-Vorpommern	Niedersachsen
25.000-50.000	11	11	.	.	.	4	7	.	7
50.000-100.000	9	25	5	.	.	.	5	.	.
100.000-250.000	23	33	.	.	.	5	15	.	14
250.000-500.000	16	38	4	.	.	3	12	.	8
500.000-1 Mio.	12	19	.	.	.	3	13	.	5
1 Mio.-2 Mio.	9	26	.	.	.	4	9	.	4
2 Mio.-5 Mio.	23	22	4	.	.	7	13	.	5
5 Mio.-10 Mio.		10	4	.	.	3	5	.	7
10 Mio.-25 Mio.	7	7	.	.	.	.	5	.	.
25 Mio.-50 Mio.			.	.	.	.	.	.	–
50 Mio.-100 Mio.	7	4	.	.	.	5	4	.	.
100 Mio. und mehr			.	.	.	.	.	.	–
Insgesamt	117	195	21	2	5	34	88	4	50

* Ohne Unternehmen mit Umsätzen unter 25.000 DM.   ** Ohne Mehrwertsteuer.   Quelle: Umsatzsteuerstatistik, 1994
. (Punkt) Zur Wahrung des Steuergeheimnisses nicht ausgewiesen.

Fortsetzung Tab. 52

Umsatzgrößenklasse** von ... bis unter ... DM	Nordrhein-Westfalen	Rheinland-Pfalz	Saarland	Sachsen	Sachsen-Anhalt	Schleswig-Holstein	Thüringen	insgesamt
25.000-50.000	10	–	.	.	.	–	–	50
50.000-100.000	14	3	.	.	.	6	.	74
100.000-250.000	30	–	4	.	.	5	5	135
250.000-500.000	26	2	.	.	.	9	.	120
500.000-1 Mio.	15	2	.	.	.	3	.	79
1 Mio.-2 Mio.	18	1	.	.	.	3	–	76
2 Mio.-5 Mio.	20	6	–	.	.	6	–	103
5 Mio.-10 Mio.	4	3	–	.	.	–	–	38
10 Mio.-25 Mio.	.	–	–	.	.	–	–	26
25 Mio.-50 Mio.	.	–	–	.	.	–	–	17
50 Mio.-100 Mio.	.	–	–	.	.	–	–	7
100 Mio. und mehr	.	–	–	.	.	–	–	
Insgesamt	143	17	4	.	.	32	5	725

* Ohne Unternehmen mit Umsätzen unter 25.000 DM.   ** Ohne Mehrwertsteuer.   Quelle: Umsatzsteuerstatistik, 1994
. (Punkt) Zur Wahrung des Steuergeheimnisses nicht ausgewiesen.

25.000 DM aufweisen. Erstmals beinhaltet diese im Abstand von zwei Jahren erstellte Statistik 1992 die ostdeutschen Fachzeitschriftenverlage.

Tab. 53: Steuerbarer Umsatz der Fachzeitschriftenverlage* nach Umsatzgrößenklassen und Bundesländern 1992 (in 1.000 DM)

Umsatzgrößen-klasse** von ... bis unter ... DM	Baden-Württem-berg	Bayern	Berlin	Branden-burg	Bremen	Hamburg	Hessen	Mecklen-burg-Vor-pommern	Nieder-sachsen
25.000-50.000	401	420	.	.	.	189	238	.	366
50.000-100.000	675	1.947	381	.	.		407	.	
100.000-250.000	3.585	5.295	.	.	.	662	2.859	.	2.487
250.000-500.000	6.390	13.295	1.451	.	.	1.250	4.396	.	2.871
500.000-1 Mio.	9.004	14.640	.	.	.	2.009	9.857	.	4.006
1 Mio.-2 Mio.	12.636	35.900	.	.	.	5.606	11.685	.	5.831
2 Mio.-5 Mio.	86.994	65.371	12.041	.	.	23.177	40.028	.	12.209
5 Mio.-10 Mio.		73.533	24.771	.	.	24.661	42.255	.	80.219
10 Mio.-25 Mio.	1.931.977	137.626	.	.	.		71.453	.	
25 Mio.-50 Mio.			.	.	.			.	–
50 Mio.-100 Mio.		263.179	.	.	.	1.301.074	234.688	.	–
100 Mio. und mehr			.	.	.			.	–
Insgesamt	2.051.663	611.205	96.499	.	.	1.358.628	417.866	503	107.989

* Ohne Unternehmen mit Umsätzen unter 25.000 DM. ** Ohne Mehrwertsteuer.
. (Punkt) Zur Wahrung des Steuergeheimnisses nicht ausgewiesen.
Quelle: Umsatzsteuerstatistik, 1994

Fortsetzung Tab. 53

Umsatzgrößen-klasse** von ... bis unter ... DM	Nord-rhein-Westfalen	Rhein-land-Pfalz	Saar-land	Sachsen	Sachsen-Anhalt	Schleswig-Holstein	Thüringen	ins-gesamt
25.000-50.000	366	–	.	.	.	–	–	1.831
50.000-100.000	1.049	.		.	.	424		5.597
100.000-250.000	5.199	–	1.944	.	.	750	1.532	22.506
250.000-500.000	9.114	.		.	.	3.205		43.192
500.000-1 Mio.	10.999	.		.	.	2.229		58.690
1 Mio.-2 Mio.	26.978	.		.	.	4.968	–	107.569
2 Mio.-5 Mio.	59.134	19.125	–	.	.	20.391	–	315.685
5 Mio.-10 Mio.	28.243	.	–	.	.	–	–	273.978
10 Mio.-25 Mio.	.	–	–	.	.	–	–	396.752
25 Mio.-50 Mio.	.	–	–	.	.	–	–	924.833
50 Mio.-100 Mio.	.	–	–	.	.	–	–	
100 Mio. und mehr	.	–	–	.	.	–	–	3.091.255
Insgesamt	498.788	46.725	1.944	.	.	31.967	1.532	5.241.888

* Ohne Unternehmen mit Umsätzen unter 25.000 DM. ** Ohne Mehrwertsteuer.
. (Punkt) Zur Wahrung des Steuergeheimnisses nicht ausgewiesen.
Quelle: Umsatzsteuerstatistik, 1994

10. AUSSENHANDEL

Einfuhr

Bundesdeutsche Importe von Waren des Buchhandels (hier: Bücher, Bilderbücher, Kalender, kartographische Erzeugnisse, Noten, Zeitschriften und Zeitungen) hatten 1994 ein Volumen in Höhe von 1,4 Milliarden DM. Gegenüber dem Vorjahr bedeutet dies eine Steigerung um 9,2 %. Ein Großteil dieses Zuwachses ist auf das stark gestiegene Importvolumen mit Zeitschriften zurückzuführen. Hier ergab sich 1994 im Vergleich zum Vorjahr ein Wachstum um ein Viertel. Bei kleineren Warengruppen wie Zeitungen, kartographischen Erzeugnissen und Kalendern hingegen waren Rückgänge zu verzeichnen.

Die Einfuhr von Büchern nahm 1994 im Vergleich zum Vorjahr um 4,5 % wertmäßig zu. Für europäische Herkunftsländer war ein durchschnittlicher Zuwachs um 7,6 % zu vermelden. Aus den Staaten der Europäischen Union (Mitgliederstand: 1994, also ohne die erst 1995 beigetretenen Länder Finnland, Österreich und Schweden) wurden 1994 Bücher im Wert von 289 Millionen DM eingeführt. Das entspricht einem Anteil von 49 % des Einfuhrvolumens aus allen europäischen Ländern. Im Vergleich mit dem Vorjahreswert nahmen die Buchimporte aus Mitgliedstaaten der Europäischen Union um 11,9 % zu. Die Betrachtung nach Einzelländern (vgl. Tab. 57) weist für die Vereinigten Staaten von

Tab. 54: Außenhandel der Bundesrepublik Deutschland mit Gegenständen des Buchhandels nach Erdteilen 1994 (in 1.000 DM)

	Europa	Afrika	Amerika	Asien	Australien	Nicht ermittelte Länder*	insgesamt
Einfuhr							
Bücher	590.310	414	147.972	77.596	482	6	816.780
Bilderbücher	18.255	–	1.657	6.459	1	–	26.372
Zeitungen**	43.196	107	551	1.545	1	–	45.400
Zeitschriften	401.219	131	49.685	3.111	89	–	454.235
Noten	8.442	–	3.115	144	–	–	11.701
Kartographische Erzeugnisse	20.889	67	1.633	285	71	–	22.945
Kalender	17.838	17	2.067	5.658	19	–	25.599
Insgesamt	1.100.149	736	206.680	94.798	663	6	1.403.032
Ausfuhr							
Bücher	1.258.426	6.351	130.753	81.205	7.452	520	1.484.707
Bilderbücher	28.389	131	2.410	400	1	6	31.337
Zeitungen**	231.250	1.604	627	172	–	35	233.688
Zeitschriften	1.169.482	4.762	59.243	25.365	3.737	316	1.262.905
Noten	14.159	10	1.909	2.624	59	25	18.786
Kartographische Erzeugnisse	44.374	74	789	1.188	135	68	46.628
Kalender	68.943	533	6.248	7.822	524	102	84.172
Insgesamt	2.815.023	13.465	201.979	118.776	11.908	1.072	3.162.223

* Inkl. Schiffs- und Luftfahrzeugbedarf.
** Inklusive andere mindestens viermal wöchentlich erscheinende periodische Druckschriften.

Quelle: Außenhandelsstatistik, 1996; Berechnungen: Börsenverein des Deutschen Buchhandels e.V.

Amerika mit anteilig 16,8 % den höchsten Anteil aus. Damit sind sie für Deutschland erneut das wichtigste Herkunftsland für Bücher. Auf die Schweiz und Österreich entfielen jeweils mehr als zehn Prozent des gesamten Buchimports. 79,9 % aller Buchimporte entfielen 1994 auf die zehn wichtigsten Herkunftsländer.

Da das Statistische Bundesamt die Zahlen zur Außenhandelsstatistik in den letzten Jahren erst verspätet vorlegt, wird an dieser Stelle erstmals mit vorläufigen Daten gearbeitet. Diese sind mit den endgültigen Werten hinsichtlich der absoluten Volumina nicht vergleichbar. Sie werden deshalb nur prozentual ausgewiesen. Die vorläufigen Daten liefern jedoch verläßliche Informationen bezüglich der Verteilung des grenzüberschreitenden Warenverkehrs auf die verschiedenen Länder, Kontinente und Warengruppen.

Im Jahre 1995 entfielen, diesen vorläufigen Zahlen zufolge, 76,2 % aller Importe mit Gegenständen des Buchhandels auf europäische Herkunftsländer. Mit 15,4 % und 8,2 % versammelten Amerika und Asien ebenfalls größere Anteile auf sich. 18,8 % der deutschen Buchimporte entfielen auf Lieferungen aus den Vereinigten Staaten von Amerika. Für österreichische Buchimporte waren bei anteilig 6,0 % erhebliche Einbußen zu verzeichnen. Dies ist insbesondere auf die veränderten Meldemodalitäten im Zusammenhang mit der Aufnahme Österreichs in die Europäische Union, die zum 1.1.1995 vollzogen wurde, zurückzuführen.

Tab. 55: Außenhandel der Bundesrepublik Deutschland mit Gegenständen des Buchhandels nach Erdteilen 1995* (in %)

	Europa	Afrika	Amerika	Asien	Australien	Nicht ermittelte Länder**	insgesamt
Einfuhr							
Bücher	68,0	0,0	19,9	12,0	0,1	0,0	100,0
Bilderbücher	61,1	0,5	5,6	32,8	–	–	100,0
Zeitungen***	95,7	0,1	0,9	3,3	–	–	100,0
Zeitschriften	89,0	0,0	10,1	0,8	0,0	–	100,0
Noten	66,9	–	32,1	1,0	–	–	100,0
Kartographische Erzeugnisse	87,6	0,2	9,4	2,5	0,3	–	100,0
Kalender	71,7	0,1	9,1	18,9	0,1	–	100,0
Insgesamt	76,2	0,1	15,4	8,2	0,1	0,0	100,0
Ausfuhr							
Bücher	83,3	0,5	9,6	6,0	0,5	0,1	100,0
Bilderbücher	94,8	0,1	4,3	0,7	0,0	0,1	100,0
Zeitungen***	98,9	0,7	0,2	0,1	–	0,0	100,0
Zeitschriften	93,1	0,4	3,9	2,3	0,3	0,0	100,0
Noten	78,6	0,0	8,5	12,5	0,3	0,1	100,0
Kartographische Erzeugnisse	88,0	0,1	3,6	8,0	0,2	0,1	100,0
Kalender	85,6	0,7	7,1	5,6	0,8	0,2	100,0
Insgesamt	88,6	0,5	6,5	4,1	0,4	0,0	100,0

* Vorläufige Zahlen, deshalb nur prozentual ausgewiesen.
** Inkl. Schiffs- und Luftfahrzeugbedarf.
*** Inklusive andere mindestens viermal wöchentlich erscheinende periodische Druckschriften.

Quelle: Außenhandelsstatistik, 1996; Berechnungen: Börsenverein des Deutschen Buchhandels e.V.

Ausfuhr

1994 exportierten deutsche Firmen Waren des Buchhandels im Wert von knapp 3,2 Milliarden DM. Gemessen am Vorjahr entspricht dies einem Zuwachs um 4,4 %. Hier ergaben sich für alle erfaßten Warengruppen höhere Werte als im Jahre 1993.

Die Ausfuhr von Büchern stieg 1994 wertmäßig um 0,4 % im Vergleich zum Vorjahr. Für die europäischen Abnehmerländer ergab sich sogar nur ein Zuwachs in Höhe von 0,2 %. In die Staaten der Europäischen Union wurden Bücher im Wert von 393 Millionen DM exportiert. Das entspricht einem Anteil von 31 % des gesamten Exportvolumens in europäische Länder. Gemessen am Vorjahreswert ergab sich für die Lieferungen in Mitgliedstaaten der Europäischen Union ein Rückgang um 1,3 %.

Mit einem Anteil in Höhe von 47,7 % an der gesamten Buchausfuhr vereinten Österreich und die Schweiz knapp die Hälfte des Exportvolumens mit Büchern auf sich. Wichtige Abnahmeländer mit Anteilen von mindestens fünf Prozent waren daneben die Vereinigten Staaten von Amerika (7,5 %), Frankreich (7,0 %) und Großbritannien

Tab. 56: Außenhandel der Bundesrepublik Deutschland mit Gegenständen des Buchhandels 1985-1994 (in 1.000 DM)

Jahr*	Bücher	Zeitungen und Zeitschriften**	Bilderbücher	Noten	Kartographische Erzeugnisse	insgesamt***
Einfuhr						
1985	513.834	247.479	11.998	6.718	19.222	799.251
1986	503.314	242.414	11.238	6.765	16.243	779.974
1987	538.773	255.064	13.172	7.200	18.035	832.244
1988	574.827	337.028	21.616	9.791	21.177	964.439
1989	667.831	330.595	16.585	11.489	22.374	1.048.874
1990	748.933	376.588	17.396	10.881	28.026	1.181.824
1991	893.103	439.799	21.427	12.505	29.794	1.396.628
1992	930.576	411.649	20.159	12.980	34.365	1.409.729
1993****	781.417	412.977	25.543	10.468	23.574	1.253.979
1994****	816.780	499.635	26.372	11.701	22.945	1.377.433
Ausfuhr						
1985	976.097	1.042.488	16.373	7.533	15.725	2.058.216
1986	1.022.072	1.159.132	26.745	7.990	19.551	2.235.490
1987	1.071.546	1.240.867	21.778	8.799	16.800	2.359.790
1988	1.161.846	1.329.389	26.450	9.004	20.062	2.546.751
1989	1.318.039	1.366.624	28.993	10.340	26.914	2.750.910
1990	1.373.590	1.419.761	33.460	11.171	23.303	2.861.285
1991	1.539.672	1.487.932	44.370	13.707	26.384	3.112.065
1992	1.544.258	1.504.483	36.949	13.248	33.558	3.132.496
1993****	1.479.414	1.408.505	28.113	13.528	27.117	2.956.677
1994****	1.484.707	1.496.593	31.337	18.786	46.628	3.078.051

* Seit 1991 inkl. neue Bundesländer.
** Zeitungen und Zeitschriften können erst seit 1988 getrennt ausgewiesen werden.
*** Um den Zeitreihenvergleich zu ermöglichen, wurden Kalender herausgerechnet.
**** Aufgrund geänderter Erhebungsmodalität sind die absoluten Werte nicht mit den Vorjahren vergleichbar.

Quelle: Außenhandelsstatistik;
Berechnungen: Börsenverein des Deutschen Buchhandels e.V.

(5,0%). Von den osteuropäischen Staaten verzeichneten die Tschechische Republik, Ungarn und Rußland deutlich erhöhte Anteile. Im Gegensatz zum Lizenzgeschäft, an dem osteuropäische Länder hohe Anteile halten, ist ihre Bedeutung an den deutschen Buchexporten vergleichsweise gering.

Für das Berichtsjahr 1995 liegen auch in bezug auf den Export bislang nur vorläufige

Tab. 57: Einfuhr von Büchern, Zeitungen und Zeitschriften in die Bundesrepublik Deutschland nach Herkunftsländern 1994 (in 1.000 DM)

Land	Bücher*	Anteil in %	Zeitungen**	Anteil in %	Zeitschriften	Anteil in %
USA	136.816	16,8	470	1,0	49.278	10,8
Österreich	115.878	14,2	463	1,0	79.409	17,5
Schweiz	102.698	12,6	6.568	14,5	42.426	9,3
Großbritannien	79.153	9,7	7.523	16,6	93.770	20,6
Italien	49.969	6,1	2.402	5,3	56.237	12,4
Frankreich	44.641	5,5	5.498	12,1	50.055	11,0
Belgien/Luxemburg	38.045	4,7	567	1,2	6.200	1,4
Niederlande	36.302	4,4	6.856	15,1	33.401	7,4
Japan	28.017	3,4	730	1,6	1.552	0,3
Dänemark	20.376	2,5	10	0,0	10.605	2,3
Slowakei	19.829	2,4	–	–	53	0,0
Slowenien	19.526	2,4	73	0,2	511	0,1
Singapur	18.297	2,2	2	0,0	57	0,0
Hongkong	18.268	2,2	5	0,0	440	0,1
Spanien	14.718	1,8	4.519	10,0	6.287	1,4
Tschechische Republik	14.215	1,7	41	0,1	755	0,2
Kanada	9.956	1,2	10	0,0	339	0,1
Ungarn	7.914	1,0	–	–	195	0,0
China	7.073	0,9	–	–	24	0,0
Norwegen	5.970	0,7	4	0,0	36	0,0
Schweden	5.278	0,6	–	–	841	0,2
Irland	3.845	0,5	3	0,0	1.884	0,4
Finnland	3.417	0,4	107	0,2	3.165	0,7
Polen	2.171	0,3	331	0,7	1.253	0,3
Türkei	1.812	0,2	–	–	111	0,0
Portugal	1.711	0,2	172	0,4	174	0,0
Südkorea	1.561	0,2	766	1,7	63	0,0
Rußland	1.402	0,2	464	1,0	418	0,1
Kroatien	478	0,1	3.869	8,5	10.135	2,2
Griechenland	265	0,0	3.420	7,5	782	0,2
Mazedonien	3	0,0	196	0,4	535	0,1
Bosnien-Herzegowina	–	–	–	–	1.722	0,4
Übrige Länder***	7.176	0,9	331	0,7	1.522	0,3
Insgesamt	**816.780**	**100,0**	**45.400**	**100,0**	**454.235**	**100,0**

* Ohne Bilderbücher.
** Inklusive andere mindestens viermal wöchentlich erscheinende periodische Druckschriften.
*** Länder, deren Ausfuhrwerte in keiner Rubrik 0,15 Prozent erreichten.

Quelle: Außenhandelsstatistik, 1996; Berechnungen: Börsenverein des Deutschen Buchhandels e.V.

Tab. 58: Ausfuhr von Büchern, Zeitungen und Zeitschriften aus der Bundesrepublik Deutschland nach Abnahmeländern 1994 (in 1.000 DM)

Land	Bücher*	Anteil in %	Zeitungen**	Anteil in %	Zeitschriften	Anteil in %
Österreich	385.057	25,9	41.065	17,6	318.818	25,2
Schweiz	324.363	21,8	26.159	11,2	261.318	20,7
USA	110.770	7,5	367	0,2	44.074	3,5
Frankreich	103.401	7,0	14.657	6,3	125.095	9,9
Großbritannien	74.709	5,0	2.510	1,1	63.473	5,0
Niederlande	68.019	4,6	10.137	4,3	49.996	4,0
Japan	54.936	3,7	4	0,0	13.267	1,1
Italien	53.085	3,6	14.568	6,2	63.669	5,0
Belgien/Luxemburg	35.237	2,4	71.617	30,6	59.317	4,7
Türkei	35.021	2,4	1.577	0,7	4.465	0,4
Polen	24.025	1,6	829	0,4	54.189	4,3
Spanien	23.441	1,6	19.226	8,2	41.294	3,3
Dänemark	16.895	1,1	5.662	2,4	10.714	0,8
Tschechische Republik	16.223	1,1	395	0,2	15.649	1,2
Ungarn	14.603	1,0	1.670	0,7	8.067	0,6
Schweden	13.846	0,9	592	0,3	12.951	1,0
Rußland	12.375	0,8	65	0,0	17.562	1,4
Griechenland	11.335	0,8	7.698	3,3	14.070	1,1
Weißrußland	10.427	0,7	66	0,0	2.037	0,2
Norwegen	8.375	0,6	416	0,2	3.181	0,3
Kanada	7.849	0,5	32	0,0	2.090	0,2
Australien	6.309	0,4	–	–	2.849	0,2
Portugal	5.397	0,4	2.214	0,9	10.633	0,8
Finnland	4.845	0,3	92	0,0	4.491	0,4
Südkorea	4.226	0,3	–	–	1.082	0,1
Ukraine	4.215	0,3	13	0,0	3.018	0,2
Brasilien	3.335	0,2	–	–	2.090	0,2
Slowenien	3.044	0,2	394	0,2	5.198	0,4
Mexiko	3.021	0,2	–	–	2.191	0,2
Rumänien	2.899	0,2	83	0,0	1.645	0,1
Israel	2.757	0,2	23	0,0	1.898	0,2
Taiwan	2.678	0,2	–	–	867	0,1
China	2.662	0,2	–	–	1.339	0,1
Hongkong	2.619	0,2	14	0,0	1.522	0,1
Indien	2.270	0,2	–	–	730	0,1
Argentinien	1.971	0,1	12	0,0	6.073	0,5
Slowakei	1.229	0,1	294	0,1	2.104	0,2
Kroatien	970	0,1	–	–	4.467	0,4
Tunesien	329	0,0	1.372	0,6	1.880	0,1
Kanarische Inseln	176	0,0	7.667	3,3	6.908	0,5
Übrige Länder***	25.763	1,7	2.198	0,9	16.624	1,3
Insgesamt	**1.484.707**	**100,0**	**233.688**	**100,0**	**1.262.905**	**100,0**

*   Ohne Bilderbücher.
** Inklusive andere mindestens viermal wöchentlich erscheinende periodische Druckschriften.
*** Länder, deren Ausfuhrwerte in keiner Rubrik 0,15 Prozent erreichten.

Quelle: Außenhandelsstatistik, 1996; Berechnungen: Börsenverein des Deutschen Buchhandels e.V.

Tab. 59: Die 10 wichtigsten Herkunftsländer für die Einfuhr von Büchern* in die Bundesrepublik Deutschland 1986-1995

Rang	1986	1987	1988	1989	1990
1	Österreich	Österreich	Österreich	Österreich	Österreich
2	Schweiz	Schweiz	Schweiz	USA	Großbritannien
3	USA	Großbritannien	Großbritannien	Schweiz	USA
4	Großbritannien	USA	USA	Großbritannien	Schweiz
5	Italien	Niederlande	Italien	Italien	Italien
6	Niederlande	Italien	Niederlande	Niederlande	Niederlande
7	Japan	Japan	Japan	Japan	Frankreich
8	Dänemark	Dänemark	Dänemark	Dänemark	Dänemark
9	Belgien/Luxemburg	Frankreich	Belgien/Luxemburg	Frankreich	Japan
10	Frankreich	Belgien/Luxemburg	Frankreich	Belgien/Luxemburg	Belgien/Luxemburg

Rang	1991	1992	1993	1994	1995**
1	Großbritannien	USA	USA	USA	USA
2	Österreich	Österreich	Österreich	Österreich	Schweiz
3	USA	Großbritannien	Schweiz	Schweiz	Großbritannien
4	Italien	Schweiz	Großbritannien	Großbritannien	Italien
5	Schweiz	Italien	Niederlande	Italien	Österreich
6	Niederlande	Niederlande	Italien	Frankreich	Belgien/Luxemburg
7	Frankreich	Belgien/Luxemburg	Frankreich	Belgien/Luxemburg	Niederlande
8	Belgien/Luxemburg	Frankreich	Japan	Niederlande	Frankreich
9	Japan	Japan	Belgien/Luxemburg	Japan	Japan
10	Spanien	Dänemark	Slowenien	Dänemark	Hongkong

* Ohne Bilderbücher.
** Rangliste basiert auf vorläufigen Zahlen.
Quelle: Außenhandelsstatistik; Berechnungen: Börsenverein des Deutschen Buchhandels e.V.

Zahlen des Statistischen Bundesamtes vor. 88,6 % aller Exporte mit Gegenständen des Buchhandels entfielen 1995 auf europäische Abnehmerstaaten. Wertmäßig 6,5 % wurden nach Amerika geliefert, 4,1 % aller Exporte gingen an asiatische Abnehmer.

In bezug auf Buchexporte waren nach wie vor die Schweiz und Österreich mit je 24,6 % Anteil an der gesamten Buchausfuhr die wichtigsten Abnehmerländer. Die zunehmende Bedeutung Osteuropas wird an der Entwicklung der Buchausfuhr nach Polen besonders deutlich. Von 1994 auf 1995 stieg der Anteil Polens von 1,6 % auf 2,6 % der gesamten Buchausfuhr.

Zeitreihen

Bezüglich des grenzüberschreitenden Warenverkehrs mit Staaten der Europäischen Gemeinschaft bzw. der Europäischen Union sind die Werte der Jahre bis 1992 mit den absoluten Angaben aus den neueren Berichtsjahren aufgrund geänderter Erhebungsmodalitäten nicht vergleichbar. Seit Anfang 1993 wurden im Rahmen des Außenhandels mit Staaten der Europäischen Union die Zollstellenerhebungen bedingt durch die Aufhebung der Zollgrenzen durch eine Erhebung direkt bei den im Außenhandel tätigen Firmen abgelöst. An die Stelle sendungsbezogener Befreiungs- und Vereinfachungs-

Tab. 60: Die 10 wichtigsten Abnahmeländer für die Ausfuhr von Büchern* aus der Bundesrepublik Deutschland 1986-1995

Rang	1986	1987	1988	1989	1990
1	Schweiz	Schweiz	Schweiz	Schweiz	Schweiz
2	Österreich	Österreich	Österreich	Österreich	Österreich
3	USA	Niederlande	Niederlande	Frankreich	Frankreich
4	Niederlande	USA	USA	USA	USA
5	Frankreich	Frankreich	Frankreich	Niederlande	Niederlande
6	Italien	Italien	Belgien/Luxemburg	Belgien/Luxemburg	Italien
7	Belgien/Luxemburg	Belgien/Luxemburg	Großbritannien	Großbritannien	Belgien/Luxemburg
8	Japan	Großbritannien	Italien	Italien	Großbritannien
9	Großbritannien	Japan	Japan	Japan	Japan
10	Schweden	Schweden	Spanien	Spanien	Schweden

Rang	1991	1992	1993	1994	1995**
1	Schweiz	Österreich	Österreich	Österreich	Schweiz
2	Österreich	Schweiz	Schweiz	Schweiz	Österreich
3	USA	USA	USA	USA	USA
4	Frankreich	Frankreich	Frankreich	Frankreich	Frankreich
5	Niederlande	Niederlande	Niederlande	Großbritannien	Niederlande
6	Sowjetunion	Großbritannien	Großbritannien	Niederlande	Großbritannien
7	Großbritannien	Belgien/Luxemburg	Türkei	Japan	Japan
8	Italien	Japan	Italien	Italien	Italien
9	Belgien/Luxemburg	Italien	Japan	Belgien/Luxemburg	Polen
10	Japan	Russ. Föderation***	Belgien/Luxemburg	Türkei	Belgien/Luxemburg

* Ohne Bilderbücher.
** Rangliste basiert auf vorläufigen Zahlen.
*** Zeitraum: 1. Mai 1992 - 31. Dezember 1992.

Quelle: Außenhandelsstatistik; Berechnungen: Börsenverein des Deutschen Buchhandels e.V.

grenzwerte ist eine firmenbezogene Lieferschwelle getreten. Unternehmen mit einem Eingangs- oder Versendungsvolumen von weniger als 200.000 DM pro Jahr im innergemeinschaftlichen Warenverkehr (Intrahandel) sind damit für Lieferungen innerhalb der Europäischen Union nicht mehr meldepflichtig. Die meldepflichtigen Unternehmen hingegen müssen erstmals auch Kleinsendungen an die statistischen Ämter melden.

Diese Änderungen in den Meldemodalitäten haben zur Folge, daß der Grad der Untererfassung in bezug auf den grenzüberschreitenden Warenverkehr zwischen Ländern der Europäischen Union gegenüber der vorherigen Regelung größer geworden ist. Die Zeitreihen (vgl. Tab. 56) weisen deshalb bei den meisten Warengruppen in den Jahren 1992 und 1993 eine deutliche Verminderung des Außenhandelsvolumens auf.

Tab. 61: Außenhandel mit Büchern, Zeitungen und Zeitschriften nach Ländern 1995* (in %)

Land**	Einfuhr nach Deutschland			Ausfuhr aus Deutschland		
	Bücher***	Zeitungen****	Zeitschriften	Bücher***	Zeitungen****	Zeitschriften
Schweiz	14,3	13,3	8,4	24,6	11,4	24,1
Österreich	6,0	1,0	18,2	24,6	19,1	27,0
USA	18,8	0,8	10,1	8,5	0,1	2,6
Großbritannien	10,6	20,2	24,5	4,0	1,1	1,8
Frankreich	3,6	12,9	9,6	5,8	4,7	7,7
Italien	7,5	3,3	10,4	3,0	6,8	5,2
Niederlande	4,1	19,3	4,4	4,4	3,5	3,9
Belgien/Luxemburg	4,5	1,5	2,8	2,3	31,5	5,0
Japan	3,6	1,6	0,4	3,9	0,0	1,2
Polen	0,5	0,8	0,3	2,6	0,2	4,5
Spanien	1,5	11,2	1,6	1,7	8,3	3,1
Dänemark	2,7	0,0	3,0	0,9	2,1	0,9
Tschechische Republik	1,9	0,2	0,3	1,2	0,2	1,4
Hongkong	3,1	0,0	0,1	0,2	0,0	0,2
Singapur	2,8	–	0,0	0,2	0,0	0,1
Rußland	0,2	1,9	0,2	1,4	0,1	1,5
Ungarn	1,3	–	0,0	0,8	0,7	0,6
Slowenien	2,4	0,1	0,2	0,3	0,1	0,7
Slowakei	2,4	–	0,0	0,1	0,1	0,2
Schweden	0,7	0,0	1,2	0,8	0,7	0,8
Türkei	0,2	0,0	0,1	1,0	0,9	0,4
Norwegen	1,0	–	0,0	0,6	0,2	0,3
China	1,4	–	0,0	0,2	–	0,1
Irland	1,5	0,0	0,1	0,1	0,1	0,0
Kanada	1,0	0,0	0,1	0,4	0,0	0,2
Griechenland	0,0	4,8	0,4	0,8	3,3	1,0
Finnland	0,6	0,4	0,4	0,4	0,2	0,4
Ukraine	0,0	–	0,0	0,6	0,0	0,3
Südkorea	0,4	1,6	0,0	0,4	–	0,1
Australien	0,1	–	0,0	0,4	–	0,2
Portugal	0,2	0,5	0,0	0,3	1,0	0,8
Rumänien	0,0	0,1	0,0	0,4	0,0	0,2
Brasilien	0,0	–	0,0	0,4	–	0,4
Taiwan	0,2	–	0,0	0,3	–	0,1
Kroatien	0,0	4,1	2,2	0,1	–	0,0
Argentinien	0,0	0,0	0,0	0,1	0,0	0,3
Kanarische Inseln	0,0	–	–	0,0	2,1	0,6
Costa Rica	–	–	0,2	0,0	0,0	0,0
Übrige Länder*****	0,8	0,3	0,6	2,3	1,3	2,0
Insgesamt	**100,0**	**100,0**	**100,0**	**100,0**	**100,0**	**100,0**

* Vorläufige Zahlen, deshalb nur prozentual ausgewiesen.
** Reihenfolge der Länder entspricht dem Anteil am Außenhandel (Einfuhr plus Ausfuhr) mit Büchern insgesamt.
*** Ohne Bilderbücher.
**** Inklusive andere mindestens viermal wöchentliche erscheinende periodische Druckschriften.
***** Länder, deren Anteile in keiner Rubrik 0,2 Prozent erreichten.

Quelle: Außenhandelsstatistik, 1996; Berechnungen: Börsenverein des Deutschen Buchhandels e.V.

11. Beschäftigung und Berufsbildung

11.1. Beschäftigung

Verlage

1995 ging die Zahl der Verlagsbeschäftigten in den alten Bundesländern im dritten Jahr in Folge zurück. Gegenüber dem Vorjahr verzeichnete die Bundesanstalt für Arbeit 0,9 % sozialversicherungspflichtig Beschäftigte in Buch-, Zeitungs-, Zeitschriften- und sonstigen Verlagen weniger. Damit verlangsamte sich der Beschäftigtenrückgang. Gemessen am Beschäftigungshöchststand im Jahr 1992 betrug der kumulierte Rückgang 5,5 %. Im Zeitraum 1983-1992 war die Zahl der Verlagsbeschäftigten kontinuierlich um insgesamt 20 % angestiegen.

Erneut ergab sich für die Arbeiter eine ungünstigere Entwicklung als für die Angestellten, deren Beschäftigtenzahl erneut stagnierte. Für die Arbeiter meldet die Bundesanstalt für Arbeit im Berichtsjahr 1995 eine überdurchschnittlich starke Verminderung der Beschäftigtenzahl um 4,1 %. Seit dem Erreichen des Höchstwertes im Jahre 1991 ging die Zahl der Arbeiter in Verlagen um insgesamt 25,8 % zurück. Bei beiden Geschlechtern war 1995 ein Rückgang der Beschäftigtenzahlen zu verzeichnen. Während die Zahl der männlichen Beschäftigten von 61.651 auf 61.287 Beschäftigte um 0,6 % zurückging, entwickelte sich die Zahl der weiblichen Beschäftigten mit -1,2 % etwas negativer. Mit einem Anteil in Höhe von 55,0 % waren die weiblichen Beschäftigten in der Verlagsbranche auch 1995 deutlich stärker vertreten als in der gesamten Volkswirtschaft (42,8 %). Ausländische Arbeitnehmer waren 1995 mit anteilig 3,8 % an allen Verlagsbeschäftigten im Vergleich zur volkswirtschaftlichen Quote in Höhe von 9,4 % weiterhin deutlich unterrepräsentiert. Der Angestelltenanteil an allen ausländischen Verlagsbeschäftigten lag mit 54,2 % erheblich über dem Durchschnitt der Gesamtwirtschaft (21,8 %). Erfaßt werden in dieser Statistik der Bundesanstalt für Arbeit alle sozialversicherungspflichtig Beschäftigten, die mindestens 15 Stunden pro Woche arbeiten. Für die neuen Bundesländer liegen bislang keine entsprechenden Zahlen vor.

Tab. 62: Sozialversicherungspflichtig Beschäftigte in Verlagen* 1986-1995

Jahr**	Arbeiter insgesamt		Facharbeiter		Angestellte		insgesamt	
	insgesamt	weiblich	insgesamt	weiblich	insgesamt	weiblich	insgesamt	weiblich
1986	35.674	16.967	9.887	956	88.307	48.800	123.981	65.767
1987	35.436	17.099	9.360	820	90.524	50.307	125.960	67.406
1988	35.204	16.966	9.264	872	92.598	51.640	127.802	68.606
1989	34.955	16.641	9.168	896	95.510	53.677	130.465	70.318
1990	35.591	17.035	9.152	977	99.009	55.929	134.600	72.964
1991	36.816	17.605	9.250	1.023	103.879	59.093	140.695	76.698
1992	36.280	17.144	9.130	1.012	107.687	61.707	143.967	78.851
1993	33.980	15.565	8.925	1.002	108.826	62.678	142.806	78.243
1994	28.516	12.645	8.159	1.032	108.828	63.048	137.344	75.693
1995	27.333	11.990	8.029	1.018	108.776	62.832	136.109	74.822

* Buch-, Zeitungs-, Zeitschriften- und sonstige Verlage im alten Bundesgebiet.
** Stand: 30.6. d. J.
Quelle: Arbeitsmarkt in Zahlen

Durch eine neue Erhebung des Statistischen Bundesamtes liegen erstmals für 1995 Beschäftigtenzahlen speziell für Buchverlage (inklusive Musikverlage) mit mindestens 20 Beschäftigten vor. Sie weist eine Beschäftigtenzahl in Höhe von 20.139 Personen aus. Mit 86,8 % entfiel die Mehrheit der Beschäftigten in Buchverlagen auf Angestellte. 2.666 Arbeiter bedeuteten einen Anteil von jahresdurchschnittlich 13,2 %.

195 Buchverlage hatten 1995 eine durchschnittliche Mitarbeiterzahl von 103 Personen. Hier sind Teilzeitarbeitskräfte, Kurzarbeiter/innen, Saison- und Aushilfskräfte inbegriffen, die unabhängig von der Zahl der von ihnen geleisteten Arbeitsstunden mit dem gleichen Gewicht in die Statistik eingehen wie Vollbeschäftigte. Gemessen am gesamten Verlagsgewerbe, das Buch- und Musikverlage, Zeitungs- und Zeitschriftenverlage sowie Verlage von bespielten Tonträgern und sonstige Verlage enthält, stellten die Buchverlage (inklusive Musikverlage) diesen Erhebungen des Statistischen Bundesamtes zufolge 20,7 % aller Beschäftigten in allen Verlagen (97.480 Beschäftigte).

Im gesamten Jahr 1995 zahlten die Buchverlage (inklusive Musikverlage) Löhne und Gehälter in Höhe von 1,289 Milliarden DM. Auf Gehälter entfielen davon 1,163 Milliarden DM, 126 Millionen DM wurden für Löhne der Arbeiter/innen aufgewendet. Letztere arbeiteten im gesamten Jahr 3,985 Millionen Stunden. Dies entspricht einer monatlichen Arbeitszeit pro Arbeiter/in von 125 Stunden. Der Bruttojahreslohn betrug durchschnittlich 47.381 DM. Der mittlere Bruttomonatslohn lag einschließlich Weihnachts- und Urlaubsgeld sowie Überstundenentgelt und sonstigen Leistungen bei 3.948 DM. Die durchschnittliche Arbeiterstunde wurde demnach mit 31,70 DM entlohnt. Für die Angestellten ergab sich ein durchschnittliches Jahresgehalt in Höhe von 66.563 DM. Das entspricht einem Bruttomonatsgehalt von 5.547 DM je Angestelltem.

Tab. 63: Beschäftigte* im Verlagsbuchhandel** 1995

Monat	Arbeiter	Angestellte	Insgesamt	Index***
Januar	2.555	17.117	19.672	97,6
Februar	2.511	17.135	19.646	97,5
März	2.547	17.319	19.866	98,6
April	2.533	17.320	19.853	98,5
Mai	2.565	17.374	19.939	99,0
Juni	2.604	17.491	20.095	99,7
Juli	2.641	17.461	20.102	99,8
August	2.682	17.589	20.271	100,6
September	2.669	17.692	20.361	101,0
Oktober	2.882	17.762	20.644	102,5
November	2.938	17.755	20.693	102,7
Dezember	2.917	17.736	20.653	102,5
Jahresdurchschnitt****	2.666	17.473	20.139	100,0
Anteil in %	13,2	86,8	100,0	

* Vorläufige Zahlen.
** Unternehmen mit mindestens 20 Beschäftigten, inkl. Musikverlage.
*** Basis: Jahresdurchschnitt = 100.
**** Jahresdurchschnittswerte enthalten Nachmeldungen und Korrekturen; die aus den Monatswerten zu errechnenden Durchschnittswerte können deshalb von den Jahresmittelwerten geringfügig abweichen.

Quelle: Monatsbericht für Betriebe im Bergbau und Verarbeitenden Gewerbe, 1996; Berechnungen: Börsenverein des Deutschen Buchhandels e.V.

Tab. 64: Geleistete Arbeiterstunden und Bruttolöhne und -gehälter im Verlagsbuchhandel* 1995

Monat	Arbeiter-stunden**	Arbeiter-stunden je Arbeiter	Löhne***	Gehälter***	Löhne und Gehälter***	Lohn je Arbeiter in DM	Lohn je Arbeiter-stunde in DM	Gehalt je Angestelltem in DM
Januar	344	134,6	9.122	85.986	95.108	3.570	26,52	5.023
Februar	311	123,9	8.251	84.767	93.018	3.286	26,53	4.947
März	343	134,7	9.044	88.781	97.825	3.551	26,37	5.126
April	293	115,7	8.987	89.361	98.348	3.548	30,67	5.159
Mai	316	123,2	10.935	102.729	113.664	4.263	34,60	5.913
Juni	304	116,7	12.828	100.512	113.340	4.926	42,20	5.746
Juli	325	123,1	10.587	94.541	105.128	4.009	32,58	5.414
August	332	123,8	10.056	91.949	102.005	3.749	30,29	5.228
September	328	122,9	9.493	91.930	101.423	3.557	28,94	5.196
Oktober	347	120,4	9.839	91.766	101.605	3.414	28,35	5.166
November	387	131,7	14.685	136.569	151.254	4.998	37,95	7.692
Dezember	364	124,8	12.658	104.487	117.145	4.339	34,77	5.891
Insgesamt****	3.985	1.494,7	126.319	1.163.059	1.289.378	47.381		66.563
Jahresdurchschnitt****	332	124,6	10.527	96.922	107.448	3.948	31,70	5.547

* Vorläufige Zahlen, Unternehmen mit mindestens 20 Beschäftigten, inkl. Musikverlage.
** Geleistete Arbeiterstunden in 1.000.
*** Bruttowerte in 1.000 DM.
**** Werte enthalten Nachmeldungen und Korrekturen; die aus den Monatswerten zu errechnenden Werte können deshalb geringfügig von diesen korrigierten Werten abweichen.

Quelle: Monatsbericht für Betriebe im Bergbau und Verarbeitenden Gewerbe, 1996; Berechnungen: Börsenverein des Deutschen Buchhandels e.V.

Einzelhandel mit Büchern und Fachzeitschriften

Absolute Zahlen zur Beschäftigung im Einzelhandel mit Büchern und Fachzeitschriften im alten Bundesgebiet liegen vom Statistischen Bundesamt bislang nur für das Jahr 1992 vor. Um hier einen Überblick über die Beschäftigungslage zu bieten, muß dennoch auf dieses Datenmaterial zurückgegriffen werden. Zahlen zur Beschäftigungssituation im Einzelhandel des neuen Bundesgebiets werden vom Statistischen Bundesamt bislang nicht zur Verfügung gestellt.

Aktuellere Informationen bieten die vom Statistischen Bundesamt ausgewiesenen vorläufigen Ergebnisse der Monatserhebungen. Im Dezember 1993 waren im alten Bundesgebiet 1,8 % weniger Arbeitskräfte beschäftigt als ein Jahr zuvor.

Im Dezember 1994 erhöhte sich das Beschäftigungsniveau im Einzelhandel mit Büchern und Fachzeitschriften des alten Bundesgebiets um 1,7 % gegenüber dem Vergleichsmonat des Vorjahres. Im Jahresdurchschnitt ergab sich ein Zuwachs um 1,6 %. Davon profitierte die Gruppe der Teilzeitbeschäftigten mit einer Zuwachsrate in Höhe von 4,9 % besonders stark. Die Zahl der Vollbeschäftigten hingegen ging im Jahresdurchschnitt 1994 um 0,5 % zurück.

Tab. 65: Beschäftigte im Einzelhandel mit Büchern und Fachzeitschriften 1986-1992

Jahr*	insgesamt	Voll-beschäftigte	Teilzeit-beschäftigte	Anteil Teilzeitbeschäftigte in %
1986	26.400	16.800	9.600	36,4
1987	27.200	16.700	10.500	38,6
1988	27.400	16.700	10.700	39,1
1989	28.200	17.300	10.900	38,7
1990	28.900	17.600	11.300	39,1
1991	30.100	18.500	11.600	38,5
1992	29.700	17.900	11.800	39,7

* Stand: 31.12. d. J.   Quelle: Handel, Gastgewerbe, Reiseverkehr

11.2. Aus- und Fortbildung

Die Berufsbildungsstatistik des Deutschen Industrie- und Handelstages weist zum 31.12.1995 für das Berufsbild „Buchhändler/in" einen Rückgang der Gesamtzahl der Ausbildungsplätze in den alten und neuen Bundesländern um 5,3 % von 2.832 auf 2.681 aus. Während die Zahl der Auszubildenden für das Berufsbild „Buchhändler/in" im neuen Bundesgebiet (ohne Ost-Berlin) von 173 auf 198 anstieg, meldete die Mehrheit der alten Bundesländer eine Verminderung der Ausbildungsplätze.

2.093 Auszubildende wurden zum 31.12.1995 für das Berufsbild „Verlagskaufmann/frau" gezählt. Zum Vorjahreswert fehlten damit 1,2 %. Seit 1992 ist die Zahl der Lehrlinge für dieses Berufsbild rückläufig. Immerhin stieg erstmals seit 1991 wieder die Zahl der neu abgeschlossenen Ausbildungsverträge. Auch bei den Verlagskaufleuten stand einer positiven Entwicklung der Ausbildungszahlen im neuen Bundesgebiet (ohne Ost-Berlin) - die Zahl der Ausbildungsplätze stieg von 160 zum 31.12.1994 auf 172 ein Jahr später an - eine verminderte Zahl Auszubildender im alten Bundesgebiet gegenüber.

Tab. 66: Ausbildungsverhältnisse nach Bundesländern zum 31.12.1995

Bundesländer	Buchhändler/innen		Verlagskaufleute	
	insgesamt	weiblich	insgesamt	weiblich
Baden-Württemberg	427	340	308	223
Bayern	350	275	386	269
Berlin	85	60	61	46
Brandenburg	29	26	34	24
Bremen	36	31	22	17
Hamburg	69	58	168	111
Hessen	221	175	262	190
Mecklenburg-Vorp.	45	40	28	19
Niedersachsen	332	287	172	106
Nordrhein-Westfalen	700	557	421	261
Rheinland-Pfalz	124	100	50	34
Saarland	21	16	15	10
Sachsen	61	50	35	28
Sachsen-Anhalt	32	30	34	17
Schleswig-Holstein	118	100	56	42
Thüringen	31	26	41	30
Insgesamt	2.681	2.171	2.093	1.427

Quelle: Deutscher Industrie- und Handelstag, 1996

Tab. 67: Ausbildung für das Berufsbild „Buchhändler/in" 1986-1995

Jahr*	Ausbildungsverhältnisse**	weibliche Auszubildende**	neu abgeschl. Ausbildungsverträge	Prüfungsteilnehmer
1986	3.550	2.879	1.423	1.448
1987	3.506	2.841	1.393	1.562
1988	3.476	2.847	1.371	1.387
1989	3.368	2.757	1.292	1.512
1990	3.274	2.667	1.239	1.482
1991	3.389	2.795	1.304	1.439
1992	3.299	2.650	1.264	1.408
1993	3.008	2.423	1.081	1.305
1994	2.832	2.283	1.054	1.242
1995	2.681	2.171	1.028	1.196

* Seit 1991 inkl. neue Bundesländer.
** Stand 31.12. d. J.
Quelle: Berufsbildung, Weiterbildung und Bildungspolitik

Tab. 68: Ausbildung für das Berufsbild „Verlagskaufmann/frau" 1986-1995

Jahr*	Ausbildungsverhältnisse**	weibliche Auszubildende**	neu abgeschl. Ausbildungsverträge	Prüfungsteilnehmer
1986	2.252	1.560	904	924
1987	2.267	1.594	928	945
1988	2.186	1.552	862	954
1989	2.155	1.523	860	965
1990	2.099	1.475	866	1.030
1991	2.159	1.473	907	884
1992	2.201	1.493	892	932
1993	2.189	1.510	824	816
1994	2.118	1.476	823	947
1995	2.093	1.427	827	890

* Seit 1991 inkl. neue Bundesländer.
** Stand 31.12. d. J.
Quelle: Berufsbildung, Weiterbildung und Bildungspolitik

Schulen des Deutschen Buchhandels

Gut ausgebildeter Nachwuchs sichert die Zukunft eines Berufsstandes. Der Börsenverein widmet sich deshalb intensiv den Fragen der Aus- und Weiterbildung. Mit hohem finanziellem Aufwand werden seit mehreren Jahrzehnten in Frankfurt-Seckbach die Schulen des Deutschen Buchhandels unterhalten. Künftige Buchhändler und Verlagskaufleute absolvieren hier Lehrgänge von mehreren Wochen Dauer. Buchhändlern und Verlagskaufleuten, die bereits im Berufsleben stehen, bietet die Schule spezielle Fortbildungskurse an.

Das Angebot der Schulen des Deutschen Buchhandels an Lehrgängen, Kursen und Seminaren wurde 1995 von 1.439 Teilnehmern in Anspruch genommen.
Leipzig ist mit der Deutschen Buchhändler-Lehranstalt und dem Fachhochschul-Studiengang Buchhandel/Verlagswirtschaft im Fachbereich Buch und Museum an der Hochschule für Technik, Wirtschaft und Kultur (neben Frankfurt-Seckbach) ein weiteres Zentrum der Berufsbildung im deutschen Buchhandel.

Akademie des Deutschen Buchhandels

Die Akademie des Deutschen Buchhandels bietet seit 1993 berufsbegleitende Fortbildungsveranstaltungen für Führungskräfte und Führungsnachwuchs, aber auch für Spezialisten aus dem Verlag und dem Buchhandel an. Schwerpunkte der zwei- bis dreitägigen Seminare sind Themen wie Führung und Selbtsmanagement, Arbeitsmethoden und Projektmanagement, Organisation und Recht, Controlling und Finanzen sowie Marketing.
1995 erreichte die Akademie des Deutschen Buchhandels mit 379 Teilnehmern an Fachseminaren eine Steigerung von über 90 Prozent zum Vorjahr (1994 waren es nur 197 Teilnehmer).

Tab. 69: Kurse und Teilnehmer der Deutschen Buchhändlerschule

	bis 1985	1986	1987	1988	1989	1990	1991	1992	1993	1994	1995	insgesamt
Lehrgänge*												
Kurse	286	12	11	13	13	13	11	10	10	9	8	396
Schüler	20.115	982	1.007	1.007	939	945	840	783	743	682	643	28.686
davon weiblich	15.598	796	709	778	755	681	677	611	585	517	510	22.217
Kompaktkurse und Spezialseminare**												
Kurse	128	9	9	17	23	22	24	26	28	26	31	343
Teilnehmer	3.201	224	234	404	522	549	444	554	560	504	612	7.808
Kurse zur Wiedereingliederung und Umschulung in den Sortimentsbuchhandel***												
Teilnehmer	497	27	26	23	32	58	63	64	56	55	58	959
davon weiblich	378	23	21	16	25	42	50	51	44	44	41	735
Altersdurchschnitt	36,3	36,8	37,3	32,8	35,0	36,6	37,8	39,8	39,2	37,5	34,7	36,7

* Seit 1946. ** Seit 1970. *** Seit 1973.

Quelle: Börsenverein des Deutschen Buchhandels e.V.

Tab. 70: Studierende der Fachschule des Deutschen Buchhandels

	1972-1987	1988	1989	1990	1991	1992	1993	1994	1995	1996	insgesamt
Studierende insgesamt	308	24	21	21	22	22	15	21	19	13	486
davon weiblich	211	15	16	17	18	15	13	15	17	10	347
Altersdurchschnitt	26,0	27,6	26,0	26,3	26,5	27,5	27,2	27,5	29,1	26,8	26,4

Quelle: Börsenverein des Deutschen Buchhandels e.V.

12. EINRICHTUNGEN DES BUCHHANDELS

12.1. Börsenverein des Deutschen Buchhandels e.V.

Der Börsenverein des Deutschen Buchhandels e.V. vertritt als Spitzenorganisation des herstellenden und verbreitenden Buchhandels in der Bundesrepublik Deutschland die Interessen von rund 6.500 Verlagen, Verlagsvertretern, Sortimentsbuchhandlungen und Firmen des Zwischenbuchhandels. Anders als vergleichbare Unternehmerverbände vereint der Börsenverein damit alle Handelsstufen eines Wirtschaftszweiges unter einem Dach. Diese - historisch begründete - Mehrstufigkeit ermöglicht dem Verband, auf wirtschaftlichem und kulturpolitischem Gebiet geschlossen zu agieren und für die Branche einen hohen Rationalisierungsstandard zu gewährleisten.

Seit seiner Gründung im Jahre 1825 als „Börsenverein der Deutschen Buchhändler zu Leipzig" hat der Verband auf mannigfache Weise zum Erhalt und Ausbau der Literaturvielfalt beigetragen. Grundlegende Gesetze und Verordnungen - so das Urheber- und Verlagsrecht sowie die für den Buchhandel existentielle Preisbindung - wurden initiiert und durchgesetzt. Handelsbräuche wurden festgeschrieben und Rationalisierungseinrichtungen geschaffen, stets mit dem Ziel, das weltweit beispielhafte Literaturangebot zu erhalten und auszubauen.

Durch die Schaffung des europäischen Binnenmarktes 1993 ist eine Aufgabenerweiterung eingetreten, in deren Mittelpunkt die Erhaltung der Existenzgrundlagen für unsere Mitglieder steht, so z. B. die Harmonisierung der unterschiedlichen Mehrwertsteuersätze, Erhalt des halben Mehrwertsteuersatzes, der Preisbindung und der urheberrechtlichen Schutzfristen sowie angemessene Reprographie-Vergütungen. Gemeinsam mit dem europäischen Verleger- bzw. Buchhändler-Verband werden diese Anliegen bei den europäischen Behörden vertreten.

Mit dem Wirtschaftsgut „Buch" untrennbar verbunden ist der kulturpolitische Auftrag. Die vom Börsenverein veranstaltete Internationale Frankfurter Buchmesse und die jährliche Verleihung des Friedenspreises des Deutschen Buchhandels, einer der bedeutendsten Kulturpreise der Bundesrepublik, sind weithin sichtbarer Ausdruck dieses zu gleichen Teilen kultur- wie wirtschaftspolitischen Engagements. Die Geschäftsstelle des Börsenvereins ist Anlaufstelle für alle Mitgliederwünsche und -sorgen, von hier aus werden Kontakte zur Öffentlichkeit, zu Verbänden und Organisationen, zur Politik und Presse geknüpft und gepflegt. Das breite Spektrum des hauptamtlichen Aufgabenbereichs reicht von der juristischen Fachberatung bis zur Entwicklung langfristiger PR- und Existenzsicherungsmaßnahmen, die die Leistungsfähigkeit des deutschen Buchhandels in die Zukunft hinein sichern sollen. In Form vielfältiger Projekte und Initiativen engagiert sich der Verband auch in der Leseförderung.

12.2. Buchhändler-Vereinigung GmbH

Die Buchhändler-Vereinigung GmbH wurde 1947 als Verlag des Börsenvereins des Deutschen Buchhandels e.V. gegründet. Ihre Gesellschafter sind die buchhändlerischen Landesverbände. Der Gesamtumsatz der Gesellschaft betrug 1995 rund 41 Millionen DM.

Zu den Veröffentlichungen des Verlages gehören Bibliographien, Nachschlagewerke und Fachliteratur. Außerdem werden Serviceleistungen für den herstellenden und verbreitenden Buchhandel sowie für Bibliotheken angeboten.

12.3. Ausstellungs- und Messe-GmbH (AuM)

Die Internationale Frankfurter Buchmesse ist die größte Buchmesse der Welt. 1995 stellten hier 8.889 Aussteller aus 97 Ländern ihre Frühjahrs- und Herbstneuerscheinungen vor; rund drei Viertel aller Rechte und Lizenzen weltweit werden in Frankfurt am Main gehandelt. Organisator dieser auch kulturell bedeutenden Veranstaltung mit ihren jährlich wechselnden Schwerpunktthemen ist die Ausstellungs- und Messe-GmbH des Börsenvereins.

Mit zahlreichen Messebeteiligungen, Buchausstellungen und Veranstaltungen im Fortbildungsbereich wirbt die AuM im Ausland sowohl kulturpolitisch wie auch wirtschaftlich für die deutsche Literatur und den deutschen Buchhandel.

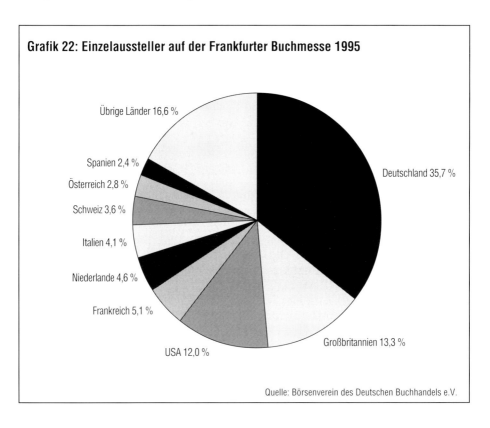

Grafik 22: Einzelaussteller auf der Frankfurter Buchmesse 1995

Übrige Länder 16,6 %
Spanien 2,4 %
Österreich 2,8 %
Schweiz 3,6 %
Italien 4,1 %
Niederlande 4,6 %
Frankreich 5,1 %
USA 12,0 %
Großbritannien 13,3 %
Deutschland 35,7 %

Quelle: Börsenverein des Deutschen Buchhandels e.V.

Tab. 71: Zahl der ausstellenden Verlage auf der Frankfurter Buchmesse 1986-1995

Jahr	Aussteller				
	Einzelaussteller	ausländische Gemeinschaftsaussteller	insgesamt	deutsche	insgesamt
1986	3.108	1.978	5.086	1.919	7.005
1987	3.125	2.007	5.132	1.968	7.100
1988	3.360	2.499	5.859	2.106	7.965
1989	3.450	2.611	6.061	2.128	8.189
1990	3.767	2.457	6.224	2.268	8.492
1991	3.966	2.211	6.177	2.236	8.413
1992	3.928	2.140	6.068	2.168	8.236
1993	3.964	2.301	6.265	2.138	8.403
1994	4.087	2.296	6.383	2.245	8.628
1995	4.177	2.392	6.569	2.320	8.889

Quelle: Börsenverein des Deutschen Buchhandels e.V.

12.4. BAG Buchhändler-Abrechnungs-Gesellschaft mbH

Die BAG wurde bereits 1922 in Leipzig gegründet. Sie dient dem herstellenden und verbreitenden Buchhandel als Clearingstelle für den Zahlungsverkehr und bündelt die Forderungen der Verlage zu Sammelabrechnungen auf der Debitoren- und Kreditorenseite. Das Abrechnungsvolumen der BAG erreichte 1995 mehr als 1,5 Milliarden DM. 1.164 Verlage und 3.993 Sortimentsbuchhandlungen beteiligten sich am Abrechnungsverfahren und verrechneten über die BAG annähernd 6,4 Millionen Rechnungen und Gutschriften. Neben dieser Vereinfachung des Zahlungsverkehrs bietet die BAG weitere Dienstleistungen an - z. B. die Auswertung der Finanzbuchhaltung und verschiedene Fakturierungsdienste für Verlage und buchhändlerische Einrichtungen.

Die BAG ist auch Betreiber des INFORMATIONSVERBUND BUCHHANDEL - IBU, einem multilateralen elektronischen Kommunikationssystem, über das Bestellungen und Informationen über einen Mailboxrechner vermittelt werden.

Erreichbar sind nicht nur alle im Verzeichnis lieferbarer Bücher mit einer ISBN verzeichneten Verlage sondern durch internationale Vernetzung auch fast alle Informationsdatenbanken.

Tab. 72: Teilnehmer am BAG-Abrechnungsverfahren 1986-1995

Jahr	Verleger	Sortimenter	Teilnehmer insgesamt	geführte Konten
1986	989	3.096	4.085	4.735
1987	997	3.185	4.182	4.827
1988	951	3.257	4.208	4.840
1989	1.050	3.371	4.421	4.899
1990	1.069	3.583	4.652	5.153
1991	1.083	3.724	4.807	5.309
1992	1.092	3.851	4.943	5.407
1993	1.132	3.876	5.008	5.417
1994	1.159	3.937	5.096	5.453
1995	1.164	3.993	5.157	5.496

Quelle: Börsenverein des Deutschen Buchhandels e.V.

Tab. 73: Abrechnungsvolumen der BAG 1986-1995

Jahr	Gesamtbetrag in DM	davon mit Skonto in DM	Anteil in %	abgerechnete Posten	Durchschnittsbetrag je Posten in DM
1986	731.498.900	436.057.000	60,0	4.713.500	155,20
1987	800.801.900	484.046.800	60,4	4.996.100	160,30
1988	869.661.500	526.729.800	60,6	5.374.550	161,80
1989	951.462.200	559.669.300	58,8	5.539.600	173,00
1990	1.100.972.000	669.995.000	60,9	5.896.900	186,70
1991	1.312.583.000	788.007.000	60,0	6.492.400	202,17
1992	1.401.689.200	856.976.100	61,1	6.614.500	211,91
1993	1.457.118.100	898.738.600	61,7	6.342.300	229,80
1994	1.514.199.200	941.316.300	62,2	6.079.400	249,07
1995	1.523.429.100	934.659.500	61,4	5.786.500	263,27

Quelle: Börsenverein des Deutschen Buchhandels e.V.

12.5. BKG Buchhändlerische Kredit-Garantiegemeinschaft GmbH & Co. KG

Wie die BAG ist auch die BKG eine Einrichtung der Mitglieder des Vereins für buchhändlerischen Abrechnungsverkehr. Es ist die Aufgabe der BKG
a) den beteiligten Sortimentern (Debitoren) Bankkredite zur Erleichterung ihrer Verpflichtungen aus dem BAG-Abrechnungsverfahren zu vermitteln und zu verbürgen;
b) den beteiligten Verlegern (Kreditoren) Vorschußdarlehen auf noch nicht fällige Guthaben aus dem BAG-Abrechnungsverfahren zu vermitteln und zu verbürgen.

Im Geschäftsjahr 1995 wurden von der BKG über 800 Bürgschaften im Betrag von mehr als 25,5 Millionen DM übernommen.

12.6. RZB Rechenzentrum Buchhandel GmbH

Als gemeinsame Tochtergesellschaft des Börsenvereins des Deutschen Buchhandels e.V., der BAG Buchhändler-Abrechnungsgesellschaft mbH und der Buchhändler-Vereinigung GmbH ist das RZB in erster Linie der EDV-Dienstleister für seine Gesellschafter und somit seit über 20 Jahren ein Wirtschaftsunternehmen im Dienste der gesamten Branche.

Für die Buchhändler-Vereinigung ist das RZB mit seinem Rechner der Host für die Online-Datenbanken „VlB - Verzeichnis lieferbarer Bücher", „VlM - Verzeichnis lieferbarer Musikalien", „Adressbuch für den deutschsprachigen Buchhandel" und „ZIS - Zeitschriften-Informations-Service".

Für die BAG Buchhändler-Abrechnungsgesellschaft mbH stellt das RZB, neben der Abwicklung der traditionellen Dienstleistungen Zahlungsclearing, Buchhaltungsdienst und Schulbuchabrechnungen, die gesamte EDV-technische Infrastruktur für den „Informationsverbund Buchhandel - IBU" zur Verfügung. Neben dem Bestellclearing werden zwischenzeitlich auch Auftragsbestätigungen, Lieferbarkeitsmeldungen und regelmäßige Ergänzungen zur VlB CD-ROM an die Teilnehmer übertragen.

Zusätzlich bietet das RZB unter dem Namen BOOKMAIL neben dem IBU-

Bestellclearing weitere Mailbox- und Telekommunikationsdienstleistungen an. Hierzu gehören unter anderem auch Online-Verbindungen zu Datenbanken im In- und Ausland zur Beschaffung von Fachinformationen sowie der Übergang zu internationalen Netzwerken, wie z.B. Internet, X.400, CompuServe etc. In den genannten Bereichen übernimmt das RZB Beratungen in Soft- und Hardwarefragen, ferner die Durchführung von Organisations- und Programmierarbeiten. Darüber hinaus werden diese Dienstleistungen sowohl anderen Unternehmen des Buchhandels als auch Branchenfremden angeboten.

12.7. Die Deutsche Bibliothek

Mit dem Einigungsvertrag vom 3. Oktober 1990 wurde Die Deutsche Bibliothek als bundesunmittelbare Anstalt des öffentlichen Rechts mit Sitz in Frankfurt am Main (Deutsche Bibliothek) und Leipzig (Deutsche Bücherei) errichtet; Hauptsitz ist Frankfurt am Main. Die Deutsche Bücherei Leipzig wurde 1912, die Deutsche Bibliothek Frankfurt am Main 1947 gegründet; seit 1970 gehört das Deutsche Musikarchiv Berlin als Abteilung zur Deutschen Bibliothek.

Das Sammelgebiet umfaßt die ab 1913 in Deutschland verlegten bzw. hergestellten Druckwerke und Tonträger. Die Bestände umfassen auch Druckwerke aus dem Ausland, sofern sie entweder in deutscher Sprache erschienen, von Deutschland handelten oder von deutschsprachigen Emigranten zwischen 1933 und 1945 verfaßt wurden.

Tab. 74: Gesamtbestand Deutsche Bücherei und Deutsche Bibliothek 1986-1995

Jahr	Deutsche Bücherei*	Deutsche Bibliothek**
1986	8.132.831	3.759.273
1987	8.336.061	3.978.720
1988	8.577.866	4.249.685
1989	8.797.644	4.502.906
1990	9.032.680	4.767.769
1991	9.273.866	5.031.442
1992	9.515.719	5.322.560
1993	9.825.830	5.607.698
1994	10.109.852	5.924.623
1995	10.407.663	6.234.706

* Inkl. Patentschriften, Papierproben, Wasserzeichen und Sondermaterialien.
** Inkl. Deutsches Musikarchiv.

Quelle: Die Deutsche Bibliothek

Tab. 75: Bestand und Zugang von Deutscher Bücherei und Deutscher Bibliothek nach Sammelgebieten 1995

	Deutsche Bücherei		Deutsche Bibliothek	
	Zugang	Bestand	Zugang	Bestand
Bücher	141.666	4.527.711	122.845	3.054.625
Zeitschriften und Zeitungen	37.074	1.574.178	39.861	877.693
Hochschulschriften	22.096	899.107	22.046	626.192
Karten	5.321	158.451	9.218	116.709
Musiknoten	6.232	245.037	7.215	194.455
Normen	5.296	206.795	7.357	120.656
Tonträger	24.630	107.827	26.775	554.814
Mikroformen	51.356	349.198	43.078	537.280
Visuelle Materialien und maschinenlesbare Daten	3.445	6.158	3.052	10.662
Autographen	168	43.456	28.636	141.620
Insgesamt	**297.284**	**8.117.918**	**310.083**	**6.234.706**

Quelle: Die Deutsche Bibliothek, 1996

ADRESSEN

FÜR WEITERE INFORMATIONEN
STEHEN ZUR VERFÜGUNG:

Börsenverein des Deutschen Buchhandels e.V.
Großer Hirschgraben 17-21
60311 Frankfurt am Main
Postfach 10 04 42
60004 Frankfurt am Main
Telefon: (0 69) 1306-0
Telefax: (0 69) 1306-201
- Bonner Büro
  Dahlmannstraße 20
  53113 Bonn
  Telefon: (02 28) 22 10 78
  Telefax: (02 28) 22 10 79
- Leipziger Büro
  Gerichtsweg 28
  04103 Leipzig
  Telefon: (03 41) 99 54-110
  Telefax: (03 41) 99 54-112

Buchhändler-Vereinigung GmbH
Großer Hirschgraben 17-21
60311 Frankfurt am Main
Postfach 10 04 42
60004 Frankfurt am Main
Telefon: (0 69) 13 06-0
Telefax: (0 69) 1306-201

Ausstellungs- und Messe-GmbH des Börsenvereins des Deutschen Buchhandels e.V.
Reineckstraße 3
60313 Frankfurt am Main
Postfach 10 01 16
60001 Frankfurt am Main
Telefon: (0 69) 21 02-0
Telefax: (0 69) 21 02-227

BAG Buchhändler-Abrechnungs-Gesellschaft mbH
Töngesgasse 4
60311 Frankfurt am Main
Postfach 10 03 22
60003 Frankfurt am Main
Telefon: (0 69) 92 02 80
Telefax: (0 69) 92 02 83 99

RZB Rechenzentrum Buchhandel GmbH
Töngesgasse 4
60311 Frankfurt am Main
Postfach 10 18 62
60018 Frankfurt am Main
Telefon: (0 69) 94 50 44-0
Telefax: (0 69) 94 50 44-115

Akademie des Deutschen Buchhandels
Maria-Theresia-Straße 23
81675 München
Telefon: (0 89) 4 70 92 93
Telefax: (0 89) 4 70 92 85

Die Schulen des Deutschen Buchhandels
Wilhelmshöher Straße 283
60389 Frankfurt am Main
Telefon: (0 69) 94 74 00-0
Telefax: (0 69) 94 74 00-50

Die Deutsche Bibliothek
Deutsche Bibliothek Frankfurt am Main
Zeppelinallee 4-8
60325 Frankfurt am Main
Telefon: (0 69) 7 56 61
Telefax: (0 69) 7 56 64 76

Deutsche Bücherei Leipzig
Deutscher Platz 1
04103 Leipzig
Telefon: (03 41) 22 71-0
Telefax: (03 41) 22 71-444

Deutsches Musikarchiv Berlin
Gärtnerstraße 25-32
12207 Berlin
Telefon: (0 30) 77 00 20
Telefax: (0 30) 77 00 22 99

Stiftung Lesen
Fischtorplatz 23
55116 Mainz
Telefon: (0 61 31) 2 88 90-0
Telefax: (0 61 31) 2 30 333

DIE LANDESVERBÄNDE DES
BUCHHANDELS
(GESCHÄFTSSTELLEN):

Verband der Verlage und Buchhandlungen in Baden-Württemberg e.V.
Paulinenstraße 53
70178 Stuttgart
Telefon: (07 11) 6 19 41-0
Telefax: (07 11) 6 19 41 44

Verband Bayerischer Verlage und Buchhandlungen e.V.
Steinsdorfstraße 19
80538 München
Telefon: (0 89) 22 00 87
Telefax: (0 89) 22 67 84

Verband der Verlage und Buchhandlungen Berlin-Brandenburg e.V.
Lützowstraße 105
10785 Berlin
Telefon: (0 30) 2 62 10 49
Telefax: (0 30) 2 62 96 42

Landesverband der Verleger und Buchhändler Bremen-Unterweser e.V.
Hinter dem Schütting 8
28195 Bremen
Telefon: (04 21) 32 69 49
Telefax: (04 21) 32 87 90

Hessischer Verleger- und Buchhändler-Verband e.V.
Großer Hirschgraben 17-21
60311 Frankfurt am Main
Telefon: (0 69) 921 87 00
Telefax: (0 69) 921 870-99

Landesverband der Buchhändler und Verleger in Niedersachsen e.V.
Hamburger Allee 55
30161 Hannover
Telefon: (05 11) 31 26 33
Telefax: (05 11) 31 21 73

Norddeutscher Verleger- und Buchhändler-Verband e.V.
Schwanenwik 38
22087 Hamburg
Telefon: (0 40) 22 54 79
Telefax: (0 40) 2 29 85 14

Verband der Verlage und Buchhandlungen in Nordrhein-Westfalen e.V.
Marienstraße 41
40210 Düsseldorf
Telefon: (02 11) 8 64 45-0
Telefax: (02 11) 32 44 97

Landesverband der Verleger und Buchhändler Rheinland-Pfalz e.V.
Kaiserstraße 88
55116 Mainz
Telefon: (0 61 31) 23 40 35
Telefax: (0 61 31) 23 03 64

Landesverband der Verleger und Buchhändler Saar (LVBS) e.V.
Feldmannstraße 26
66119 Saarbrücken
Telefon: (06 81) 5 60 30
Telefax: (06 81) 5 60 41

Verband der Verlage und Buchhandlungen in Sachsen, Sachsen-Anhalt und Thüringen e.V.
Gerichtsweg 28
04103 Leipzig
Telefon: (03 41) 99 54-220
Telefax: (03 41) 99 54-223

QUELLENVERZEICHNIS
(aufgeführt ist nur der jeweils letzte Jahrgang)

Adreßbuch für den deutschsprachigen Buchhandel 1996/97
Buchhändler-Vereinigung GmbH (Hrsg.)
Frankfurt am Main, 1996

Allensbacher Markt-Analyse Werbeträger-Analyse '95
Institut für Demoskopie Allensbach (Hrsg.)
Allensbach, 1995

Arbeitsmarkt in Zahlen
Sozialversicherungspflichtig Beschäftigte nach Wirtschaftsklassen am 30. Juni 1995 im Bundesgebiet West
Bundesanstalt für Arbeit (Hrsg.)
Nürnberg, 1996

Außenhandelsstatistik
Statistisches Bundesamt (Hrsg.)
Wiesbaden, 1996

Berufsbildung, Weiterbildung und Bildungspolitik
Deutscher Industrie- und Handelstag (Hrsg.)
Bonn, 1996

Gemeindeverzeichnis 1995
Statistisches Bundesamt (Hrsg.)
Wiesbaden, 1995

Handel, Gastgewerbe, Reiseverkehr
Fachserie 6, Reihe 3.2, Beschäftigung, Umsatz, Wareneingang, Lagerbestand und Investitionen im Einzelhandel 1992
Statistisches Bundesamt (Hrsg.)
Wiesbaden, 1994

Kölner Betriebsvergleich
Institut für Handelsforschung
an der Universität zu Köln (Hrsg.)
Köln, 1995

Laufende Wirtschaftsrechnungen Ost
Zusätzliche Aufgliederung der Einnahmen und Ausgaben ausgewählter privater Haushalte 1995. Ergebnis der laufenden Wirtschaftsrechnungen.
Neue Länder und Berlin-Ost
Statistisches Bundesamt (Hrsg.)
Wiesbaden, 1996

Laufende Wirtschaftsrechnungen West
Zusätzliche Aufgliederung der Einnahmen und Ausgaben ausgewählter privater Haushalte 1995. Ergebnis der laufenden Wirtschaftsrechnungen. Früheres Bundesgebiet
Statistisches Bundesamt (Hrsg.)
Wiesbaden, 1996

Media-Analyse '96 Pressemedien I
Arbeitsgemeinschaft Media-Analyse e.V. und Media-Micro-Census GmbH (Hrsg.)
Frankfurt am Main, 1996

Monatsbericht für Betriebe im Bergbau und Verarbeitenden Gewerbe
Statistisches Bundesamt (Hrsg.)
Wiesbaden, 1996

Pressestatistik
Bildung und Kultur.
Fachserie 11, Reihe 5, Presse 1994
Statistisches Bundesamt (Hrsg.)
Wiesbaden, 1996

Schnell-Umfrage Verlagsbuchhandel 1995
Zur wirtschaftlichen Entwicklung im Verlagsbuchhandel 1995
(Bericht ausschließlich für Umfrageteilnehmer)
Börsenverein des Deutschen Buchhandels e.V. (Hrsg.)
Frankfurt am Main, 1996

Statistical Yearbook 1995
UNESCO (Hrsg.)
Paris, 1995

Umsatzsteuerstatistik
Finanzen und Steuern.
Fachserie 14, Reihe 8, Umsatzsteuer 1992
Statistisches Bundesamt (Hrsg.)
Wiesbaden, 1995
Statistische Landesämter (Hrsg.)

VerbraucherAnalyse 95
Axel Springer Verlag AG, Verlagsgruppe Bauer (Hrsg.)
Hamburg, 1995

Verzeichnis lieferbarer Bücher
Buchhändler-Vereinigung GmbH (Hrsg.)
Frankfurt am Main, 1995

Wöchentliches Verzeichnis der Deutschen Nationalbibliographie
Die Deutsche Bibliothek (Hrsg.)
Frankfurt am Main, 1995

REGISTER

Adreßbuch für den deutschsprachigen Buchhandel 20, 109
Adressen .... 107f.
Akademie des Deutschen Buchhandels 101, 107
Antiquariat, Umsatzanteile 37
Anzeigen .... 9, 27, 83ff.
Arbeitsgemeinschaft von Jugendbuchverlegern
in der Bundesrepublik Deutschland e.V. 20
Arbeitsgemeinschaft Wissenschaftlicher
Sortimentsbuchhandlungen (AWS) 20
Atlanten s. Kartographische Erzeugnisse
Ausbildung, buchhändlerische s. Berufsbildung
Ausfuhr s. Außenhandel
Auslandsausstellungen 104
Außenhandel
-,Ausfuhr .... 71ff., 89ff.
-,-,Bilderbücher .... 89ff.
-,-,Bücher .... 89ff.
-,-,Entwicklung seit 1985 .... 91, 95
-,-,Kalender .... 89f.
-,-,kartographische Erzeugnisse .... 89ff.
-,-,Lizenzen .... 71ff.
-,-,nach Abnahmeländern .... 76, 91ff., 95f.
-,-,nach Erdteilen .... 76, 89f.
-,-,nach Erscheinungssprachen .... 71ff.
-,-,nach Sachgruppen .... 74f.
-,-,Noten .... 89ff.
-,-,Zeitungen und Zeitschriften 89ff., 93, 96
-,Einfuhr 89ff., 94, 96
-,-,Bilderbücher .... 89ff.
-,-,Bücher 89ff., 94, 96
-,-,Entwicklung seit 1985 .... 91, 94
-,-,Kalender .... 89f.
-,-,kartographische Erzeugnisse .... 89ff.
-,-,nach Erdteilen .... 89f.
-,-,nach Herkunftsländern 89f. 92, 94, 96
-,-,Noten .... 89ff.
-,-,Zeitungen und Zeitschriften 89ff., 96
-,Intrahandel 95
-,Meldepflicht 95
Ausstellungs- und Messe-GmbH (AuM)
-,Anschrift 107
-,Auslandsausstellungen 103
-,Messebeteiligungen im Ausland 103
-,Internationale Frankfurter Buchmesse 103
Auszubildende im Buchhandel s. Berufsbildung
Autographen 106
Baden-Württemberg
-,Firmen 22, 24f., 87
-,-,Anzahl .... 22, 24f.
-,-,nach Ortsgrößenklassen 22
-,-,nach Umsatzgrößenklassen 24f., 87
-,Landesverband 61, 108
-,-,Anschrift 108
-,-,Titelproduktion 61
-,Umsatz .... 30, 32f., 87f.
-,-,Buchverlage 30
-,-,Einzelhandel Bücher und Fachzeitschriften .... 32f.
-,-,Fachzeitschriftenverlage .... 87f.
-,-,nach Umsatzgrößenklassen 30, 32, 88
BAG Buchhändler-Abrechnungsgesellschaft mbH
-,Abrechnungsverfahren .... 104f.

-,Anschrift 107
-,Clearingstelle .... 104f.
-,Dienstleistungen 104
-,Entwicklung seit 1986 .... 104f.
-,Informationsverbund Buchhandel-IBU 104, 106
-,Teilnehmer 104
Bahnhofsbuchhandel
-,Berichtsjahr 1995 50
-,Beschäftigte .... 50f.
-,Betriebshandelsspanne 51
-,Betriebsvergleich .... 50f.
-,betriebswirtschaftliches Ergebnis 51
-,Entwicklung seit 1986 .... 50f.
-,Fachverband 20
-,Firmen .... 50f.
-,Geschäftsraum .... 50f.
-,Kosten 51
-,Lagerumschlagshäufigkeit 51
-,Taschenbücher 51
-,Umsatz .... 50f.
-,Unternehmerlohn 51
-,Warengruppenanteile 51
-,Zeitungen und Zeitschriften 51
Bayern
-,Firmen 22, 24f., 87
-,-,Anzahl .... 22, 24f.
-,-,nach Ortsgrößenklassen 22
-,-,nach Umsatzgrößenklassen 24f., 87
-,Landesverband 61, 108
-,-,Anschrift 108
-,-,Titelproduktion 61
-,Umsatz .... 30, 32f., 87f.
-,-,Buchverlage 30
-,-,Einzelhandel Bücher und Fachzeitschriften .... 32f.
-,-,Fachzeitschriftenverlage .... 87f.
-,-,nach Umsatzgrößenklassen 30, 32, 88
Berlin
-,Firmen 22, 24f., 87
-,-,Anzahl .... 22, 24f.
-,-,nach Ortsgrößenklassen 22
-,-,nach Umsatzgrößenklassen 24f., 87
-,Umsatz .... 30, 32f., 87f.
-,-,Buchverlage 30
-,-,Einzelhandel Bücher und Fachzeitschriften .... 32f.
-,-,Fachzeitschriftenverlage .... 87f.
-,-,nach Umsatzgrößenklassen 30, 32, 88
Berlin-Brandenburg (Landesverband)
-,Anschrift 108
-,Titelproduktion 61
Berufsbildung
-,Akademie des Deutschen Buchhandels 101, 107
-,Ausbildungsverhältnisse 100
-,Berichtsjahr 1995 100
-,Berufsbilder .... 100f.
-,Buchhandel 100
-,Entwicklung seit 1986 100
-,Verlagskaufleute 100
-,Schulen des Deutschen Buchhandels 101, 107
-,Deutsche Buchhändler-Lehranstalt, Leipzig 101
-,Deutsche Buchhändlerschule, Frankfurt a.M. 101
-,Fachhochschul-Studiengang Buchhandel/
  Verlagswirtschaft im Fachbereich Buch und
  Museum an der Hochschule für Technik,
  Wirtschaft und Kultur, Leipzig 101
-,Fachschule des Deutschen Buchhandels,
  Frankfurt a.M., Studierende 101
Beschäftigte
-,Arbeitsstunden .... 98f.
-,Bahnhofsbuchhandel .... 50f.
-,Beschäftigtengrößenklassen .... 35ff.

Buch und Buchhandel in Zahlen 1996 **Register** | 111

-,Entwicklung seit 1986..................50f., 97, 99
-,Sortimentsbuchhandel ....36ff., 40, 42, 44, 46, 48, 99f.
-,Teilzeitbeschäftigte 98
-,Verlagsbuchhandel ....82, 97f.

Betriebe, buchhändlerische s. Firmen

Betriebsvergleiche im Sortimentsbuchhandel
-,nach Absatzwegen ....38ff.
-,nach Beschäftigtengrößenklassen ....35ff.
-,nach Bundesländern ....32f.
-,nach Geschäftslagen......................................48f.
-,nach Ortsgrößenklassen ....46f.
-,nach Personalleistungsklassen.......................42f.
-,nach Raumgrößenklassen ....44f.
-,nach Umsatzgrößenklassen ....40f.
-,nach Warengruppen ....37ff.

Betriebswirtschaftliche Kennzahlen
-,Bahnhofsbuchhandel......................................50f.
-,Sortimentsbuchhandel ....31ff.
-,Verlagsbuchhandel..27ff.

Bilderbücher, Außenhandel ....89ff.

BKG Buchhändlerische Kredit-
Garantiegemeinschaft GmbH & Co. KG
-,Bürgschaften 105
-,Darlehen 105

Börsenverein der Deutschen Buchhändler zu Leipzig 102

Börsenverein des Deutschen Buchhandels e.V.
-,Anschriften 107
-,Berufsbildung 101
-,EDV-Dienstleistungen...................................104
-,Europäischer Binnenmarkt 102
-,Existenzsicherungsmaßnahmen 102
-,Fachberatung...102
-,Friedenspreis des Deutschen Buchhandels ...102
-,Handelsbräuche...102
-,Internationale Frankfurter Buchmesse 102
-,Konjunkturumfrage..9f.
-,Leseförderung..102
-,Lizenz-Umfrage..71ff.
-,Mitglieder...20, 102
-,Öffentlichkeitsarbeit 102
-,Preisbindung..102
-,Rationalisierungseinrichtungen 102
-,Schnell-Umfrage..27
-,Urheber- und Verlagsrecht 102

Bogenpreise s. Durchschnittsbogenpreise

BOOKMAIL 106

Brandenburg
-,Firmen 22, 24f., 87
-,-,Anzahl ....22, 24f.
-,-,nach Ortsgrößenklassen 22
-,-,nach Umsatzgrößenklassen 24f., 87
-,Umsatz 30, 32f., 87
-,-,Buchverlage..30
-,-,Einzelhandel Bücher und Fachzeitschriften...32f.
-,-,Fachzeitschriftenverlage 87
- -,nach Umsatzgrößenklassen 30,32

Bremen
-,Firmen 22, 24f., 87
-,-,Anzahl ....22, 24f.
-,-,nach Ortsgrößenklassen 22
-,-,nach Umsatzgrößenklassen 24f., 87
-,Umsatz 30, 32f., 87
-,-,Buchverlage..30
-,-,Einzelhandel Bücher und Fachzeitschriften...32f.
-,-,Fachzeitschriftenverlage 87
-,-,nach Umsatzgrößenklassen 30, 32

Bremen-Unterweser (Landesverband)
-,Anschrift 108
-,Titelproduktion 61

Buchgemeinschaften, Umsatz............................9

Buchhändlerische Betriebe s. Firmen

Buchhändlerschule s. Berufsbildung

Buchhändler-Vereinigung GmbH
-,Anschrift...107
-,Gesellschafter..102
-,Serviceleistungen..102
-,Umsatz...102
-,Veröffentlichungen..102

Buchhandlungen s. Sortimentsbuchhandel

Buchinteresse...14f.

Buchkauf..15f.

Buchmesse s. Internationale Frankfurter Buchmesse

Buchpreisindex..77

Buchproduktion s. Titelproduktion

Buchumsatz s. Umsatz

Buchverlage s. Verlagswesen

Bücher
-,als Freizeitgüter..11ff.
-,-,Ausgaben...11ff., 16ff.
-,-,Interesse...14f.
-,-,Kauf..15f.
-,-,Lesehäufigkeit...18f.
-,-,Außenhandel...89ff.
-,-,Deutsche Bibliothek....................................106
-,-,Preise..77
-,-,Umsatz..9, 27ff., 31ff.

Bundesverband der Deutschen Versand-
buchhändler e.V. 20

Bundesverband des werbenden Buch- und
Zeitschriftenhandels e.V. 20

Co-Editionen und -Produktionen s. Lizenzen

Deutsche Bibliothek
-,Anschriften 107
-,Autographen..106
-,Bestandsentwicklung seit 1986.....................106
-,Bücher..106
-,Deutsche Bibliothek, Frankfurt am Main 106
-,Deutsche Bücherei, Leipzig........................106f.
-,Deutsches Musikarchiv Berlin 107
-,Hochschulschriften..106
-,Karten..106
-,Mikroformen 106
-,Normen..106
-,Noten..106
-,Tonträger...106
-,Visuelle Materialien 106
-,Zeitungen und Zeitschriften..........................106
-,Zugänge 106

Deutsche Buchhändler-Lehranstalt, Leipzig ...101

Deutsche Buchhändlerschule, Frankfurt am Main 101

Deutsche Bücherei, Leipzig..........................106f.

Deutsche Nationalbibliographie, Wöchentliches
Verzeichnis..52ff., 66ff., 109

Deutscher Leihbuchhändler-Verband e.V. 20

Deutscher Musikverleger-Verband e.V. 20

Deutsches Musikarchiv, Berlin......................106

Durchschnittsbogenpreis
-,Berichtsjahr 1995...78f.

| 112 | Register | Buch und Buchhandel in Zahlen 1996 |

-,nach Sachgruppen ....78f.

Durchschnittsladenpreis 77

Durchschnittspreis
-,Berichtsjahr 1995...77ff.
-,nach Preisgruppen..80f.
-,nach Sachgruppen ....78f.

Einfuhr s. Außenhandel

Einrichtungen des Buchhandels ....102ff.

Endverbraucherpreise s. Ladenpreise

Erscheinungssprachen ....71ff.

Erstauflagen
-,Entwicklung seit 1986 52
-,Entwicklung seit 1989 60
-,Sachgruppen 54ff., 60
-,Taschenbücher ....52f.
-,Verhältnis zu Neuauflagen 52

Europäischer Binnenmarkt..102

Facheinzelhandel, Umsatzentwicklung 9f., 34

Fachschule des Deutschen Buchhandels, Frankfurt/M.
-,Entwicklung seit 1972 101
-,Studierende 101

Fachverbände, buchhändlerische 20

Firmen, buchhändlerische
-,Bahnhofsbuchhandel..50f.
-,nach Beschäftigtengrößenklassen 38
-,nach Bundesländern 22f., 87
-,nach Geschäftslagen 48
-,nach Orten 21
-,nach Ortsgrößenklassen 22f., 46
-,nach Personalleistungsklassen 42
-,nach Raumgrößenklassen 44
-,nach Umsatzgrößenklassen 24f., 40, 87
-,Sortimentsbuchhandel 20, 38, 40, 42, 44, 46, 48
-,Verlagswesen 20ff., 82f., 87
-,Zwischenbuchhandel 20

Fortbildung, buchhändlerische s. Berufsbildung

Frankfurter Buchmesse s. Internationale Frankfurter Buchmesse

Freizeitverhalten
-,Aktivitäten 11ff., 19
-,Ausgaben für Freizeitgüter..11ff., 16ff.

Friedenspreis des Deutschen Buchhandels 102

Geschäftslagen, Sortimentsbuchhandel..........................48f.

Geschäftsraum
-,Bahnhofsbuchhandel..50f.
-,Sortimentsbuchhandel 36f., 40, 42, 44, 46, 48

Hamburg
-,Firmen..22, 24f., 87
-,-,Anzahl...22, 24f.
-,-,nach Ortsgrößenklassen 22
-,-,nach Umsatzgrößenklassen ....24f., 87f.
-,-,Umsatz..30, 32f., 87f.
-,-,Buchverlage..30
-,-,Einzelhandel Bücher und Fachzeitschriften.............32f.
-,-,Fachzeitschriftenverlage ....87f.
-,-,nach Umsatzgrößenklassen 30, 32, 88

Haushaltseinkommen ....11, 14ff.

Haushaltstypen ....11ff.

Herkunftssprachen 66f., 70

Herstellender Buchhandel s. Verlagswesen

Hessen
-,Firmen..22, 24f., 87
-,-,Anzahl...22, 24f.
-,-,nach Ortsgrößenklassen 22
-,-,nach Umsatzgrößenklassen 24f., 87
-,-,Landesverband..61, 108
-,-,Anschrift...108
-,-,Titelproduktion 61
-,-,Umsatz..30, 32f., 87f.
-,-,Buchverlage..30
-,-,Einzelhandel Bücher und Fachzeitschriften.............32f.
-,-,Fachzeitschriftenverlag ....87f.
-,-,nach Umsatzgrößenklassen 30, 32, 88

Hessischer Verleger- und Buchhändler-Verband e.V. 108

Hochschulschriften 106

Informationsverbund Buchhandel - IBU 103, 106

Inländische Buchproduktion s. Titelproduktion inländische

Internationale Frankfurter Buchmesse
-,Aussteller...103f.
-,-,Einzelaussteller...103f.
-,-,Entwicklung seit 1986 104
-,-,Gemeinschaftsaussteller...104
-,-,nach Ländern 103
-,Veranstalter 102

Intrahandel 95

Kalender..54, 56, 58, 68, 74f., 78, 80, 89f.

Kartographische
Erzeugnisse 55, 57, 59, 69, 74f., 79, 81, 89ff., 106

Kaufverhalten ....15ff.

Konjunkturumfrage ....9f.

Ladenpreise s.a. Durchschnittsladenpreis.......................9

Landesverbände, buchhändlerische
-,Anschriften 108
-,Mitglieder 20
-,Titelproduktion 61

Landesverband der Buchhändler und Verleger
in Niedersachsen e.V..108

Landesverband der Verleger und Buchhändler
Bremen-Unterweser e.V...108

Landesverband der Verleger und Buchhändler
Rheinland-Pfalz e.V. 108

Landesverband der Verleger und Buchhändler
Saar (LVBS) e.V. 108

Leseförderung 102

Leseverhalten ....18f.

Lizenzen
-,Abnahmeländer ....74ff.
-,Berichtsjahr 1995...9, 71ff.
-,Co-Editionen..73
-,Co-Produktionen..73
-,Entwicklung seit 1990 72
-,Erdteile 76
-,Erscheinungssprachen ....71ff.
-,Sachgruppen ....73f.
-,Umfrage...71f.

Mecklenburg-Vorpommern
-,Firmen..22, 24f., 87

-,-,Anzahl ....22, 24f.
-,-,nach Ortsgrößenklassen 22
-,-,nach Umsatzgrößenklassen 24f., 87
-,Umsatz ....30, 32f., 87f.
-,-,Buchverlage 30
-,-,Einzelhandel Bücher und Fachzeitschriften ....32f.
-,-,Fachzeitschriftenverlage ....87f.
-,-,nach Umsatzgrößenklassen 30, 32, 88

Medienverhalten
-,Ausgaben ....11ff., 16ff.
-,-,nach Bundesländern ....11ff.
-,-,nach Haushaltstypen ....11ff.
-,Bücher und Broschüren ....11ff.
-,-,Interesse ....14f.
-,-,Kauf ....15f.
-,-,Lesen ....18f.
-,Medien, andere ....11ff.
-,Zeitungen und Zeitschriften ....11ff.

Meldepflicht 29, 95

Mikroformen 106

Nachwuchs, buchhändlerischer s. Berufsbildung

Nationalbibliothek s. Die Deutsche Bibliothek

Nebenrechte, Umsatz 9, 27

Neuauflagen
-,Entwicklung seit 1986 52
-,Entwicklung seit 1989 52
-,Sachgruppen 54ff., 60
-,Taschenbücher 52
-,Verhältnis zu Erstauflagen 52

Niedersachsen
-,Firmen 22, 24f., 87
-,-,Anzahl ....22, 24f.
-,-,nach Ortsgrößenklassen 22
-,-,nach Umsatzgrößenklassen 24f., 87
-,Landesverband 61, 108
-,-,Anschrift 108
-,-,Titelproduktion 61
-,Umsatz ....30, 32f., 87f.
-,-,Buchverlage 30
-,-,Einzelhandel Bücher und Fachzeitschriften ....32f.
-,-,Fachzeitschriftenverlage ....87f.
-,-,nach Umsatzgrößenklassen 30, 32, 88

Norddeutscher Verleger- und Buchhändler-
Verband e. V. 108

Norddeutschland (Landesverband)
-,Anschrift 108
-,Titelproduktion 61

Nordrhein-Westfalen
-,Firmen 23ff., 87
-,-,Anzahl ....23ff.
-,-,nach Ortsgrößenklassen 23
-,-,nach Umsatzgrößenklassen 24f., 87
-,Landesverband 61, 108
-,-,Anschrift 108
-,-,Titelproduktion 61
-,Umsatz ....30, 32f., 87f.
-,-,Buchverlage 30
, ,Einzelhandel Bücher und Fachzeitschriften ....32f.
-,-,Fachzeitschriftenverlage ....87f.
-,-,nach Umsatzgrößenklassen 30, 32, 88

Normen 106

Noten 106

Orte
-,Firmen des herstellenden Buchhandels 21
-,Firmen des verbreitenden Buchhandels 21
-,Titelproduktion 52, 62

Ortsgrößenklassen
-,Firmen des herstellenden Buchhandels ....22f.
-,-,nach Bundesländern ....22f.
-,Firmen des verbreitenden Buchhandels 22f., 46
-,-,nach Bundesländern ....22f.

Personalleistungsklassen ....42f.

Preise für Bücher
-,Berichtsjahr 1995 ....77, 80f.
-,Buchpreisindex 77
-,Durchschnittsbogenpreis ....78f.
-,Durchschnittsladenpreis 77
-,Durchschnittspreis ....77ff.
-,Entwicklung seit 1991 77
-,Preisgruppenanteile ....80f.
-,Sachgruppen ....78f.

Presse-Grosso-Bundesverband Deutscher Buch-,
Zeitungs- und Zeitschriften-Grossisten e. V. 20

Pressestatistik 82ff., 109

Quellenverzeichnis ....109f.

Raumgrößenklassen ....44f.

Reise- und Versandbuchhandel, Umsatz 26

Rheinland-Pfalz
-,Firmen 23ff., 87
-,-,Anzahl ....23ff.
-,-,nach Ortsgrößenklassen 23
-,-,nach Umsatzgrößenklassen 24f., 87
-,Landesverband 61, 108
-,-,Anschrift 108
-,-,Titelproduktion 61
-,Umsatz ....30, 32f., 87f.
-,-,Buchverlage 30
-,-,Einzelhandel Bücher und Fachzeitschriften ....32f.
-,-,Fachzeitschriftenverlage ....87f.
-,-,nach Umsatzgrößenklassen 30, 32, 88

RZB Rechenzentrum Buchhandel GmbH
-.Adreßbuch für den deutschsprachigen Buchhandel 20, 109
-,Anschrift 107
-,BOOKMAIL 106
-,EDV-Dienstleistungen 105
-,Informationsverbund Buchhandel - IBU 104, 106
-,Online-Verbindungen 106
-,VlB - Verzeichnis lieferbarer Bücher 105
-,VlM - Verzeichnis lieferbarer Musikalien 105
-,ZIS - Zeitschriften-Informations-Service 105

Saarland
-,Firmen 23ff., 87
-,-,Anzahl ....23ff.
-,-,nach Ortsgrößenklassen 23
-,-,nach Umsatzgrößenklassen 24f., 87
-,Landesverband 61, 108
-,-,Anschrift 108
-,-,Titelproduktion 61
-,Umsatz ....30, 32f., 87f.
-,-,Buchverlage 30
-,-,Einzelhandel Bücher und Fachzeitschriften ....32f.
-,-,Fachzeitschriftenverlage ....87f.
-,-,nach Umsatzgrößenklassen 30, 32, 88

Sachgruppen, inländische Titelproduktion
-,Berichtsjahr 1995 ....52f., 56ff., 67, 70
-,Durchschnittsbogenpreis ....78f.
-,Durchschnittspreis ....78f.
-,Entwicklung seit 1989 60
-,Erstauflagen 52f., 60
-,nach Landesverbänden 60
-,Neuauflagen 54ff., 60
-,Preisgruppenanteile ....80f.
-,Taschenbücher ....53, 56f.
-,Übersetzungen ins Deutsche ....67f.

Sachgruppen, internationale Titelproduktion
-,Erscheinungsländer 65
-,Lizenzen ....74f.
-,Titelzahlen 65

Sachsen
-,Firmen 23ff., 87
-,-,Anzahl ....23ff.
-,-,nach Ortsgrößenklassen 23
-,-,nach Umsatzgrößenklassen ....24f.
-,Umsatz ....30, 32f.
-,-,Buchverlage 30
-,-,Einzelhandel Bücher und Fachzeitschriften ....32f.
-,-,nach Umsatzgrößenklassen 30, 32

Sachsen, Sachsen-Anhalt, Thüringen (Landesverband)
-,Anschrift 108
-,Titelproduktion 61

Sachsen-Anhalt
-,Firmen 23ff., 87
-,-,Anzahl ....23ff.
-,-,nach Ortsgrößenklassen 23
-,-,nach Umsatzgrößenklassen ....24f.
-,Umsatz ....30, 32f.
-,-,Buchverlage 30
-,-,Einzelhandel Bücher und Fachzeitschriften ....32f.
-,-,nach Umsatzgrößenklassen 30, 32

Schleswig-Holstein
-,Firmen 23ff., 87
-,-,Anzahl ....23ff.
-,-,nach Ortsgrößenklassen 23
-,-,nach Umsatzgrößenklassen 24f., 87
-,Umsatz ....30, 32f.
-,-,Buchverlage 30
-,-,Einzelhandel Bücher und Fachzeitschriften ....32f.
-,-,Fachzeitschriftenverlage ....87f.
-,-,nach Umsatzgrößenklassen 30, 32, 88

Schnell-Umfrage 27

Schulbildung ....15ff.

Schulen des Deutschen Buchhandels
-,Anschrift 107
-,Entwicklung seit 1972 101
-,Kompaktkurse 101
-,Kurse zur Wiedereingliederung und Umschulung 101
-,Lehrgänge 101
-,Schüler 101
-,Spezialseminare 101

Sortimentsbuchhandel
-,Absatzentwicklung 10
-,Absatzwegeanteile ....38ff.
-,Berufsbildung ....101f.
-,Beschäftigte 36ff., 40, 42, 44, 46, 48, 99
-,Beschäftigtengrößenklassen ....35ff.
-,Betriebshandelsspanne 35, 39, 41, 43, 45, 47, 49
-,Betriebsvergleich ....32ff.
-,betriebswirtschaftliches Ergebnis ...36, 39, 41, 43, 45, 47, 49
-,Bezugsweganteile 39, 41, 43, 45, 47, 49
-,Fachverbände 20
-,Firmen 20ff., 31
-,-,nach Beschäftigtengrößenklassen 38
-,-,nach Bundesländern ....22ff.
-,-,nach Geschäftslagen 48
-,-,nach Orten 21
-,-,nach Ortsgrößenklassen 22f., 46
-,-,nach Personalleistungsklassen 42
-,-,nach Raumgrößenklassen 44
-,-,nach Umsatzgrößenklassen 25, 40
-,Geschäftslagen ....48f.
-,Geschäftsraum ....36f.
-,Konjunkturumfrage ....9f.
-,Kosten 34f., 39, 41, 43, 45, 47, 49
-,Lagerbestand 39, 41, 43, 45, 47, 49
-,Lagerumschlagshäufigkeit 39, 41, 43, 45, 47, 49
-,lieferbare Bücher 77

-,Mitglieder im Landesverband 20
-,Orte 21
-,Ortsgrößenklassen 22f., 46
-,Personalleistung 37
-,Umsatz ....26, 31ff.
-,-,Absatzwegeanteile 38, 40, 42, 44, 46, 48
-,-,Bargeschäft 9, 38, 40, 42, 44, 46, 48
-,-,Berichtsjahr 1995 ....9, 26, 32ff.
-,-,Entwicklung seit 1986 34
-,-,Kostenanteile 39, 41, 43, 45, 47, 49
-,-,Kreditgeschäft 9f., 38, 40, 42, 44, 46, 48
-,-,nach Beschäftigtengrößenklassen ....35ff.
-,-,nach Bundesländern ....32f.
-,-,nach Geschäftslagen 48
-,',-,nach Monaten 35
-,-,nach Ortsgrößenklassen 46
-,-,nach Personalleistungsklassen 42
-,-,nach Raumgrößenklassen 44
-,-,nach Umsatzgrößenklassen 32, 40
-,-,Taschenbücher 37
-,-,Warengruppenanteile 37f., 40, 42, 44, 46, 48
-,Umsatzgrößenklassen ....32, 40f.
-,Umsatzsteuerstatistik ....31ff.

Stiftung Lesen 107

Taschenbücher
-,Berichtsjahr 1995 ....52f., 56ff.
-,Betriebsvergleich 17f., 37f., 40, 42, 44, 46, 48, 51
-,Erstauflagen ....52f., 56f.
-,Höchstausgaben ....17f.
-,Neuauflagen ....52f., 56f.
-,Sachgruppen ....53, 56ff.
-,Titelproduktion ....52f., 56ff.
-,Umsatz 26, 37f. 40, 42, 44, 46, 48

Thüringen
-,Firmen 23ff., 87
-,-,Anzahl ....23ff.
-,-,nach Ortsgrößenklassen 23
-,-,nach Umsatzgrößenklassen 24f., 87
-,Umsatz ....30, 32f., 87f.
-,-,Buchverlage 30
-,-,Einzelhandel Bücher und Fachzeitschriften ....32f.
-,-,Fachzeitschriftenverlage ....87f.
-,-,nach Umsatzgrößenklassen 30, 32, 88

Titelproduktion, inländische
-,Auflagengrößenklassen 85
-,Berichtsjahr 1995 ....9, 52f., 56ff., 66f., 70
-,Bundesländer 52, 61
-,Durchschnittsauflagen 9
-,Durchschnittsbogenpreis ....78f.
-,Durchschnittsladenpreis 77
-,Durchschnittspreis ....77ff.
-,Entwicklung seit 1986 52
-,Entwicklung seit 1989 ....60, 82, 84
-,Erscheinungsweise 85
-,Erstauflagen 9, 52ff., 60, 66
-,Neuauflagen 52, 54ff., 60
-,Orte 52, 62
-,Preisgruppen ....80f.
-,Sachgruppen ....52ff., 67ff., 78f.
-,Taschenbücher ....52f., 56ff.
-,Übersetzungen ins Deutsche ....66ff.
-,Zeitungen und Zeitschriften ....82ff.

Titelproduktion, internationale
-,Entwicklung seit 1991 64
-,Erscheinungsländer ....63ff.
-,Sachgruppen 65
-,Titelzahlen ....63ff.

Tonträger 106

Übersetzungen ins Deutsche
-,Berichtsjahr 1995 ....66ff., 70
-,Entwicklung seit 1986 66
-,Herkunftssprachen 66ff., 70
-,Sachgruppen ....68f.

Buch und Buchhandel in Zahlen 1996 **Register** | 115

-,Titelproduktion ....66ff.

Umsatz
-,Anzeigen 9
-,Bahnhofsbuchhandel ....50f.
-,Berichtsjahr 1995 ....9, 26ff., 33ff., 50
-,Buchgemeinschaften 9, 26
-,Einzelhandel Bücher und Fachzeitschriften ....32f.
-,Facheinzelhandel 34
-,Nebenrechte 9, 27
-,Reise- und Versandbuchhandel 26
-,Sortimentsbuchhandel ....9f., 26, 31ff.
-,-,Entwicklung seit 1986 34
-,-,nach Absatzwegen 38, 40, 42, 44, 46, 48
-,-,nach Beschäftigtengrößenklassen ....35ff.
-,-,nach Bundesländern ....32f.
-,-,nach Geschäftslagen 48
-,-,nach Monaten 35
-,-,nach Ortsgrößenklassen 46
-,-,nach Personalleistungsklassen 42
-,-,nach Raumgrößenklassen 44
-,-,nach Umsatzgrößenklassen 32, 40
-,-,nach Warengruppen 26, 37f., 40, 42, 44, 46, 48
-,Taschenbücher 26, 37f., 40, 42, 44, 46, 48
-,Verkaufsstellen 26
-,Verlage ....9, 26ff., 82ff.
-,-,Entwicklung seit 1991 ....26ff.
-,-,nach Auflagengrößenklassen 85
-,-,nach Bundesländern 30, 88
-,-,nach Erscheinungsweise 85
-,-,nach Geschäftsarten 27
-,-,nach Monaten 28
-,-,nach Umsatzgrößenklassen 28, 30, 88
-,-,nach Verlagsarten ....82f.
-,-,nach Warengruppen 26
-,Vertriebswegeanteile 26, 83
-,Waren 26
-,Zeitungen und Zeitschriften ....82ff.

Umsatzgrößenklassen ....24f., 28, 30, 32, 40, 87f.

UNESCO-Statistik 63

Verband Bayerischer Verlage und
Buchhandlungen e.V. 108

Verband der Schulbuch-Verlage e.V. 20

Verband der Verlage und Buchhandlungen in
Baden-Württemberg e.V. 108

Verband der Verlage und Buchhandlungen in
Nordrhein-Westfalen e.V. 108

Verband der Verlage und Buchhandlungen in
Sachsen, Sachsen-Anhalt und Thüringen e.V. 108

Verband Deutscher Antiquare e.V. 20

Verband Deutscher Bahnhofsbuchhändler e.V. 20

Verband Deutscher Bühnenverleger e.V. 20

Verband Deutscher Lesezirkel e.V. 20

Verband Deutscher Zeitschriftenverleger e.V. 20

Verband Katholischer Verleger und Buchhändler e.V. 20

Verbreitender Buchhandel s. Sortimentsbuchhandel

Vereinigung Evangelischer Buchhändler e.V. 20

Verkaufsstellen, Umsatz 26

Verlagsvertreter 20

Verlagswesen
-,Berufsbildung ....101f.

-,Beschäftigte ....82, 97f.
-,Erlöse 9, 27
-,Fachverbände 20
-,Firmen 20ff., 82f., 87
-,-,nach Bundesländern 22ff., 87
-,-,nach Orten 21
-,-,nach Ortsgrößenklassen ....22f.
-,-,nach Umsatzgrößenklassen 24, 87
-,Kosten 27, 98
-,Mitglieder im Landesverband 20
-,Orte 21, 52, 62
-,Ortsgrößenklassen ....22f.
-,Schnell-Umfrage 27
-,Titelproduktion ....9, 52ff., 82ff.
-,Umsatz ....9, 26ff., 82ff.
-,-,Anzeigen 9
-,-,Auslandsanteil 28
-,-,Berichtsjahr 1995 ....9, 26ff.
-,-,Bücher 27
-,-,Entwicklung seit 1991 ....26ff.
-,-,Meldepflicht 29
-,-,nach Auflagengrößenklassen 85
-,-,nach Bundesländern 30, 88
-,-,nach Erscheinungsweise 85
-,-,nach Geschäftsarten 27
-,-,nach Monaten 28, 30
-,-,nach Umsatzgrößenklassen 28, 30, 88
-,-,nach Verlagsarten ....82f.
-,Nebenrechtserträge 9, 27
-,Vertriebswege 9, 26
-,Zeitungen und Zeitschriften ....27, 82ff.

Verleger- und Buchhändlerverband
Berlin-Brandenburg e.V. 108

Vertriebswege 9, 26

Verzeichnis lieferbarer Bücher - VlB 105

Verzeichnis lieferbarer Musikalien - VlM 105

Warenhäuser, Umsatz 9

Wirtschaftliche Lage 9

Wöchentliches Verzeichnis der Deutschen
Nationalbibliographie 52ff., 66ff., 109

Zahlungsclearing ....104f.

Zeitungen und Zeitschriften
-,als Freizeitgüter ....11ff.
-,Anzeigen ....83ff.
-,Arten 84, 86
-,Auflage ....83f.
-,Auflagengrößenklassen 85
-,Außenhandel ....89f.
-,Beschäftigte 82
-,Betriebsvergleich 37f., 40, 42, 44, 46, 48, 51
-,Bundesländer ....87f.
-,Entwicklung seit 1989 ....82, 84
-,Erscheinungsweise 85
-,Fachverbände 20
-,Firmen 82f., 87
-,Kosten 83
-,Pressestatistik 82ff., 109
-,Titelproduktion ....82f.
-,Umfang 84
-,Umsatz ....27, 37, 51, 82ff.
-,Umsatzgrößenklassen ....87f.
-,Verlagsarten ....82f.
-,Vertriebserlöse 9
-,Vertriebswege 83

Zeitschriften-Informations-Service - ZIS 105

Zwischenbuchhandel, Firmen 20

Kaufkraftkarte - Bücher 1995

Die Kaufkraftkarte für Bücher zeigt in graphischer Form die relative Höhe der Ausgaben für Bücher der Bevölkerung in der Bundesrepublik Deutschland jeweils auf Kreisebene. Der Indexwert 100 gibt den bundesdeutschen Durchschnittswert für Buchausgaben wieder. Ein Indexwert über 100 bedeutet demnach eine überdurchschnittliche Buchkaufkraft der ortsansässigen Bevölkerung. Bei Indexwerten unter 100 hingegen verfügt die Bevölkerung des jeweiligen Kreises gemessen am bundesdeutschen Mittel über eine unterdurchschnittliche Buchkaufkraft.

Die Ermittlung und Berücksichtigung der regionalen Kaufkraft sowie regionaler Kaufkraftunterschiede ist ein häufig eingesetztes Instrument zur Optimierung der unternehmenseigenen Vertriebs-, Absatz- und Standortstrategie.

Der Trend ins Grüne an die Peripherie der Stadtregionen hat in Deutschland innerhalb der letzten zwanzig Jahre zu Kaufkraftverlagerungen geführt. Noch vor zwei Jahrzehnten führten die Großstädte die Rangliste des bundesdeutschen Wohlstands an. Inzwischen verzeichnen kleinere Gemeinden mit exklusivem Wohnumfeld im Einzugsbereich der Ballungszentren die höchste allgemeine Kaufkraft.

Die Buchkaufkraft weist zum Teil deutliche Unterschiede zur allgemeinen Kaufkraft auf. So ist die Kaufkraft für Bücher in den Großstädten - wie Frankfurt/M., Köln und Hamburg - höher als die allgemeine Kaufkraft, was sich durch den hohen Anteil an Bessergebildeten und Studenten erklärt. Dasselbe gilt für Universitätsstädte wie Freiburg (102,7/142,3), Hannover (111,1/122,2), Göttingen (99,1/121,3) oder Braunschweig (108,6/120,1).

Über die höchste Buchkaufkraft in der Bundesrepublik Deutschland verfügt die Stadt Erlangen (159,0). Mit einer Buchkaufkraft von mehr als der Hälfte über dem Bundesdurchschnitt von 100 folgen die Städte Heidelberg (156,8) und Bonn (153,3) sowie der Landkreis Starnberg (151,1).

Über eine schwach ausgeprägte Buchkaufkraft gemessen am Bundesdurchschnitt verfügen in den alten Bundesländern die grenznahen Gebiete Bayerns, wie die Landkreise Cham (77,0), Regen (78,9) oder Tirschenreuth (80,2). Auch in den Landkreisen Wittmund (80,5), Leer (80,9) oder Cloppenburg (81,2) im Nordwesten der alten Bundesländer ist die Kaufkraft für Bücher unterdurchschnittlich ausgeprägt. Die am schwächsten ausgebildete Kaufkraft für Bücher gemessen am Bundesdurchschnitt findet sich in den neuen Bundesländern in den Landkreisen Mecklenburg-Vorpommerns. Die höchste Buchkaufkraft in den neuen Bundesländern verzeichnen Ost-Berlin (90,5) und Leipzig (89,8), dicht gefolgt von Schwerin (89,2) und Potsdam (89,2).

Hinsichtlich der Ausprägung der Buchkaufkraft in den einzelnen Bundesländern ergibt sich folgendes Bild:

Baden-Württemberg	108,2
Bayern	102,7
Berlin	111,6
Brandenburg	72,8
Bremen	108,4
Hamburg	124,7
Hessen	111,1
Mecklenburg-Vorpommern	72,8
Niedersachsen	99,4
Nordrhein-Westfalen	106,7
Rheinland-Pfalz	97,7
Saarland	90,7
Sachsen	75,6
Sachsen-Anhalt	71,6
Schleswig-Holstein	103,7
Thüringen	73,1